COSA DIRE O SCRIVERE IN OGNI OCCASIONE

Patrizia Frescaroli

COSA DIRE O SCRIVERE IN OGNI OCCASIONE

lettere, biglietti, telegrammi, telefonate e conversazioni già pronte
che restano, che commuovono, che convincono, che si distinguono
congratulazioni, auguri, scuse, condoglianze, inviti ecc.
per nascite, fidanzamenti, matrimoni, anniversari, compleanni ecc.

Giovanni De Vecchi Editore - Milano

Progetto grafico della copertina: Emmeteam, Milano

Introduzione

Questo nostro tempo, si sa, corre veloce. Viviamo in un'epoca di rapide trasformazioni sociali e di costume. Non c'è perciò da meravigliarsi più di tanto, né più di tanto da scandalizzarsi, se, in questa civiltà della fretta, dell'efficienza e – diciamolo pure – dell'effimero, lo stile della moderna corrispondenza privata non è più quello di un tempo. Il telefono, per esempio, irrompendo nelle nostre abitudini, ha fatto la sua rivoluzione: ha detronizzato quella che cinquant'anni fa era considerata la regina della comunicazione nelle piccole e nelle grandi distanze. Parliamo della lettera. È vero: la lettera non è più regina. Ma se ha perso priorità – diciamo ampiezza – ha acquistato in sensibilità e profondità. Nella corrispondenza privata abituale, noi comunichiamo, attraverso i canali ormai usuali del biglietto, del telegramma, del telefono, per salutare, partecipare, ringraziare e consolare e soltanto quando vogliamo sottolineare quel saluto, quella partecipazione e quei ringraziamenti e uscire dal frasario di circostanza, ricorriamo alla lettera.
Per ogni occasione e per ogni circostanza il lettore troverà modelli di biglietti, di telegrammi, di comunicazioni telefoniche, di lettere. È superfluo aggiungere che si tratta di facsimili, di modelli di riferimento cui il lettore potrà ispirarsi a seconda del proprio caso particolare.

È in questo senso che è nata l'idea di questo libro, che forse sarebbe meglio definire manuale. Un libro-manuale che comunque vuole essere una specie di galateo che tratti delle buone maniere che presiedono ai rapporti per iscritto, per filo e orali tra persone che vivono in questo nostro tempo.
Di qui un'esigenza: quella della chiarezza e, soprattutto, della praticità. L'esigenza cioè di fare di questo libro-manuale una vera e propria guida nella quale il lettore possa trovare, quali che siano gli eventi e le circostanze – nascite, fidanzamenti, matrimoni, lutti, feste, successi ecc. – indicazioni, suggerimenti, esempi e soprattutto modelli, seguendo i quali sarà in grado di cavarsela con stile, con garbo e con eleganza.

I canali della comunicazione scritta e orale

SCRIVERE UNA LETTERA OGGI

Scrivere una lettera oggi non è più come cinquanta, quaranta, trenta, venti, e forse nemmeno come dieci anni fa. Il lettore ci consenta una digressione, solo apparentemente superflua, ma sostanzialmente necessaria e utile.
Viviamo in un'epoca di rapide, anzi rapidissime trasformazioni sociali e di costume. Il fatto nuovo non è la trasformazione; il fatto veramente nuovo, e in un certo senso inquietante, è la rapidità sempre crescente con cui le trasformazioni avvengono. Tutto cambia, tutto evolve, tutto si trasforma. Anche lo stile con cui ci esprimiamo, sia per iscritto, sia oralmente. Ogni epoca, si sa, ha il suo ritmo; quello della nostra epoca, è un ritmo forsennato.
Sull'onda di radio, giornali, rototocalchi e soprattutto della televisione, fra chi comunica e il destinatario della comunicazione si sono inseriti due elementi nuovi: la fretta e l'immagine, figli legittimi di un'epoca che si direbbe illegittima. Oggi chi scrive – un articolo o una lettera – deve sapere che non si legge più come una volta, sprofondati in una comoda poltrona, con il libro tra le mani e un'intera serata a disposizione. Chi scrive deve sapere che oggi si legge dove si può, quando si può, come si può: in treno, sul tram, negli intervalli di lavoro, sotto il casco della parruc-

chiera, tra il primo e il secondo tempo allo stadio ecc. La fretta e l'immagine, introdotte dal cinema e dalla televisione, hanno rivoluzionato le nostre abitudini e i nostri gusti. L'immagine in modo particolare, molto efficace perché immediata (ci riferiamo soprattutto alla televisione) è la grande concorrente della scrittura.
Tiriamo le conclusioni dalla nostra digressione per dire che se una volta per avere udienza (s'intende epistolare) bisognava innanzitutto piacere, oggi per avere udienza bisogna innanzitutto interessare. Se una volta ciò che contava era l'armonia delle parole, oggi ciò che conta è l'efficacia dell'immagine. Se una volta ciò che faceva breccia era il bel periodare, oggi ciò che colpisce è la concisione.
Ogni epoca ha i suoi ritmi, e ogni ritmo ha il suo stile. Che cos'è lo stile? È l'uomo stesso, come diceva Buffon. Cioè lo specchio nel quale è riflessa la nostra immagine, il nostro look mentale, morale e spirituale – come diremmo noi oggi.

LE PRINCIPALI REGOLE A CUI ATTENERSI

La più importante: evitare strafalcioni, errori grammaticali grossolani e macroscopici e, peggio ancora, ortografici. Stiamo attenti: lo strafalcione è sempre in agguato, a dispetto della nostra preparazione linguistica. La nostra lingua è piena di trabocchetti, specialmente nelle doppie e nel plurale di certi nomi, per non parlare di *h* fuori posto con il verbo *avere*. Meglio diffidare e accertarsi, controllando se necessario sul vocabolario (*condolianze* o *condoglianze*, *onnomastico* o *onomastico*, le *camice o camicie*? essi *anno* o essi *hanno*?). Il lettore non sorrida, l'infortunio può capitare a tutti. Ma se capita, può essere fatale per la nostra immagine, cioè per la considerazione che il destinatario della lettera avrà di voi. Sembra paradossale, e tuttavia è così: la nostra reputazione è spesso legata a errori di questo genere, che in fondo non sono altro che sviste, in cui possono incorrere anche illustri scrittori. Morale: se sulle doppie o su quel tale verbo c'è un dubbio, il minimo dubbio: subito vocabolario alla mano, e subito controllare.

Evitare correzioni, a costo di rifare la lettera. La correzione, specialmente se vistosa, denuncia innanzitutto mancanza di riguardo (non è gradevole alla vista), insicurezza, ripensamento, indecisione. L'immagine che si ricava da una lettera con correzioni è quella di un soggetto pieno di dubbi, instabile e immaturo, anche se molto colto.

Evitare che sul foglio ci siano macchie o segni estranei al testo. Che idea ci si può fare di chi t'invia una lettera tutta spiegazzata, con macchie o scarabocchi? Quella di una persona trasandata e, quindi, maleducata e irriguardosa.

Scrivere in modo leggibile o, se non altro, facilmente decifrabile. Di fronte a una lettera praticamente illeggibile la prima impressione è di fastidio; e la seconda d'irritazione. Il destino di lettere del genere si lascia facilmente immaginare: è quello di non essere lette e buonanotte. Scrivere in modo leggibile è segno di buona educazione; non solo, ma è anche una dimostrazione di rispetto e di disponibilità nei confronti del prossimo.

Controllare le minuscole e le maiuscole. *Caro Gianni* virgola e a capo *ho ricevuto* ecc.: quell'*ho* con *h* minuscola; se scrivete a una persona di riguardo alla quale date del *lei*, ovviamente il riguardo deve continuare nei possessivi e nei pronomi personali che si riferiscono alla persona a cui vi rivolgete in forma rispettosa, es.:

«Egregio *A*vvocato, *L*a ringrazio per il *S*uo pronto interessamento», *A* di avvocato maiuscola essendo riferito a una specifica persona, *L*a con *L* maiuscola, *S*uo con *S* maiuscola; diremo invece «Egregio avvocato Bianchi», con la *a* di avvocato minuscola. E, sempre all'inizio della lettera, ricordarsi che non si deve far uso di abbreviazioni, es.: *Egregio Dottore*, e non Egr. Dott.

Attenzione al finale: **firma leggibile**. Niente scarabocchi e tantomeno quelle semplici iniziali, A.F., oppure G.M. e cose del genere. La firma con il solo nome (se la lettera è indirizzata a un amico); con nome e cognome (se la lettera è indirizzata a una persona alla quale vi rivolgete dandole del *lei*).

Attenzione anche al poscritto (abbreviato P.S.). Il P.S. (o poscritto) si pone dopo la firma sul lato sinistro del foglio, quando si vuole aggiungere qualcosa alla lettera già terminata. L'ideale sarebbe evitare tale aggiunta; ma se proprio è necessaria, che sia una semplice aggiunta, e non un'altra lettera nella lettera.

Evitare esibizionismi di carattere stilistico. No a periodi sofisticati alla maniera dei classici, e ad esibizioni di cultura con incisi di questo tipo: *come diceva il Manzoni*, *come diceva il Goethe*... Non sono necessarie citazioni autorevoli, soprattutto se tirate per i capelli, soltanto per fare sfoggio di cultura.

Fare un'accurata revisione grammaticale del testo. Rivedere i tempi, i modi, le concordanze, gli accordi ecc.

Fare una revisione stilistica del testo. Cancellare ciò che appare superfluo, sottolineare per contro ciò che va particolarmente messo in evidenza (magari rafforzando il concet-

to con un aggettivo o un avverbio in più); badare alla chiarezza, alla proprietà dai termini, alla concisione soprattutto (andare alla ricerca di concetti ripetuti, e tagliare, tagliare senza pietà).
Ci sarebbero altre regole, ma fermiamoci qui e diamo uno sguardo alla lettera formale con tutti i suoi accessori prima di essere imbucata.

DATA, ESORDIO, CORPO, CHIUSA, CARTA, BUSTA ECC.

La data va posta sul margine superiore destro del foglio, preceduta dal nome della città o del paese da dove la lettera viene spedita. Questa è la regola. E queste sono le eccezioni: data nel margine inferiore destro (o sinistro) al termine della lettera, preferibilmente quando il testo della lettera è breve.
Esempio: *Milano, 24 novembre 1990* (ricordarsi: nome del mese con iniziale minuscola). Oppure *Milano, 24/11/90.* O (alla francese): *Milano, 24.XI.90.* I francesi sostengono infatti che per indicare il mese con un numero bisogna servirsi di quello romano e non di quello arabo.
Ultima cosa: non dimenticare mai la virgola tra il nome della città o del paese e la data vera e propria. E se non si mette la virgola? Non si sa cosa possa succedere, ma pare che il mondo non debba cascare per questo. Ci sarebbe infine la data cosiddetta all'americana, niente di particolare: tutto a sinistra, data e firma.

L'esordio, con cui si inizia la lettera, va tutto a sinistra. *Gentile signore,... Gentile signora,... Caro amico,... Egregio Avvocato,... Egregio avvocato Bianchi,...* Altra cosa da non dimenticare: *virgola* e *a capo*, così:

Carissimo amico,
è da alcuni giorni che non so più nulla di te...

E ancora, ripetiamo: niente abbreviazioni nell'esordio, perciò: *Egregio Avvocato* (e non Egr. Avv.), *Egregio Dottore* (e non Egr. Dott. o Dr.), *Caro Ingegnere* (e non Caro Ing.), *Gentile signora* (e non Gentile sig.ra).
A proposito di *signora*: non dimenticarsi di chiamare *signora* anche una donna non sposata: è questione di cavalleria. Quando diremo *signorina*? Quando ci rivolgiamo a una donna molto giovane.

Quanto al corpo della lettera, tenere presenti i diversi tipi d'impostazione, dei quali vi diamo qui sotto degli esempi.

Tipo di lettera a stile cosiddetto alternato:

Caro amico,
era da tempo che non avevo tue notizie e la tua del 25 corr., che ho appena ricevuto, mi ha fatto molto piacere.
Mi chiedi notizie dei miei, dei comuni amici, della situazione generale nel paese. Ebbene, eccotele in breve: i miei, a parte mio padre che soffre di antichi acciacchi, stanno tutti bene. In quanto ai comuni amici: e chi li ammazza? Continuano a godersela e, da quel poco che mi pare di aver capito, non hanno alcuna intenzione di mettere la testa a posto.
E infine sulla situazione generale qui in paese: ebbene,...

Stile alternato perché? Perché le frasi sono scritte alternativamente, nel senso che un capoverso comincia poco prima della metà del foglio, il seguente all'inizio del foglio, e così via.

Tipo di lettera a stile cosiddetto classico:

> *Caro amico,*
> *era da tempo che non avevo tue notizie e la tua del 25 corr., che ho appena ricevuto, mi ha fatto molto piacere.*
> *Mi chiedi notizie dei miei, dei comuni amici, della situazione generale nel paese. Ebbene, eccotele in breve: i miei, a parte mio padre che soffre di antichi acciacchi, stanno tutti bene.*
> *In quanto ai comuni amici: e chi li ammazza? Continuano a godersela e, da quel poco che mi pare di aver capito, non hanno alcuna intenzione di mettere la testa a posto.*
> *E infine sulla situazione generale qui in paese: come vuoi che vada, sempre le stesse facce, sempre gli stessi discorsi, e, diciamolo pure, sempre la stessa noia.*
> *Tu, piuttosto, come stai? Come te la passi?*

Chiusa o commiato. Ovvero i saluti e la firma: i saluti devono essere in tono con l'esordio: baci e abbracci se il destinatario è un amico o un parente (*Ti abbraccio,... Ti abbraccio affettuosamente,... Baci,... Affettuosi saluti,...* ecc.). Non si invierà un abbraccio, o un bacio, e neppure un saluto affettuoso, e cose del genere, alla persona alla quale ci si rivolge con un «Egregio Signore» nell'esordio. A questa persona si invieranno «i più cordiali saluti», «i più rispet-

tosi saluti», «deferenti saluti», «un cortese saluto», «ossequi» ecc.
Quanto alla firma:
- soltanto nome di battesimo (oppure il soprannome) se la lettera è indirizzata a parenti o amici;
- nome e cognome (ricordarsi che il nome deve sempre precedere il cognome) se la lettera è indirizzata a persone non familiari;
- nome e cognome, eventualmente preceduti da titoli onorifici o accademici, il tutto possibilmente scritto a macchina, e ripetuti a mano una riga più sotto, se indirizzata a persona di riguardo;
- la donna sposata firmerà con il proprio cognome, *Gina Negri*, al quale potrà aggiungere, volendolo, anche quello del marito, *Gina Negri Paolucci*;
- idem per la vedova: essa potrà firmare con il proprio cognome soltanto, al quale potrà aggiungere anche quello del defunto marito, *Gina Negri ved. Paolucci*.

Carta. In commercio si trovano vari tipi di carta da lettera: ci si può sbizzarrire nella scelta del colore, purché si tenga presente che quando si scrive a persone di riguardo, è bene usare la cosiddetta «carta di blocco»: liscia e bianca.
C'è anche la carta da lettera intestata: in questo caso è sempre bene farsi consigliare dal tipografo specializzato. Le iniziali del nome e cognome debbono comunque essere stampate in caratteri piccoli o medi, se possibile in rilievo sul margine sinistro del foglio. Sia le iniziali sia l'indirizzo dovranno avere un colore che risalti su quello della carta da lettera, e cioè: nero su carta bianca, grigio scuro su carta grigio chiara, blu su carta azzurrina.

Busta e indirizzo. Quando si spedisce una lettera per posta, è chiaro che la busta va chiusa. Si lascia aperta, ed è questa

una forma di estremo riguardo, se per il recapito la si affida personalmente ad altri. Sta all'incaricato della «missione» ricambiare la cortesia. Come? Chiudendo la busta davanti alla persona che gliel'ha affidata.
Quanto all'indirizzo, esso va scritto sul lato destro della busta a partire dal centro. Ecco due indirizzi, il primo di città, l'altro di provincia:

Sig. Vincenzo Bruni Via Enrico Falck, 15 20151 MILANO	Sig. Tullio Erba Via G. Rossi, 10 29028 PONTEDELLOLIO (Piacenza)

Avrete notato i numeri che precedono il nome della località: sono quelli del Codice di avviamento postale, abbr. CAP.
E dal momento che ci siamo, ecco alcune delle abbreviazioni più ricorrenti negli indirizzi:

Sig.	=	Signore
Sig.ra	=	Signora
Egr.	=	Egregio
Gent.mo	=	Gentilissimo
Preg.mo	=	Pregiatissimo
Stim.mo	=	Stimatissimo
Dott.	=	Dottore (in medicina)
Dr.	=	Dottore (in tutti gli altri campi)
Ing.	=	Ingegnere
Prof.	=	Professore
Avv.	=	Avvocato
Arch.	=	Architetto
Rag.	=	Ragioniere
On.	=	Onorevole (titolo riservato ai deputati)
Rev.	=	Sacerdote
Mons.	=	Monsignore

Sempre sul tema della busta: si raccomanda di scrivere sempre nome e cognome del mittente sulla facciata posteriore, nonché l'indirizzo. Non è necessario scrivere su linee differenti. Il nome e cognome del mittente non dovrà essere preceduto da alcun titolo. Es.:

Iris Tottari - Via V. Tittoni, 16 00066 MANZIANA (Roma)

Se la lettera ha un carattere strettamente personale e non desiderate che venga intercettata e letta da altri (caso tipico: quando scrivete una lettera privata a un amico indirizzando all'ufficio presso il quale lavora), potete aggiungere, sul lato sinistro della busta, la dicitura «Riservata personale».
Quando la lettera – ma le raccomandazioni valgono anche per i biglietti – è indirizzata a una persona cara (un amico, un parente con il quale avete molta confidenza), niente titoli davanti ai nomi, a meno che... A meno che sappiate che i destinatari di cui sopra ci tengono: e in questo caso non vi resta che accontentarli: Egr. dr. Marco Spini.

Altre abbreviazioni di uso corrente nella corrispondenza privata. In fatto di abbreviazioni, prima di indicare quelle che si usano sempre, indichiamone alcune che non si usano più. Eliminare per esempio:

p.c. = per condoglianze
p.a. = per auguri
p.r. = per ringraziamento

E servirsi tranquillamente delle seguenti (ci riferiamo naturalmente alle più ricorrenti in una corrispondenza privata).

Comm.	=	Commendatore
corr.	=	corrente (sottinteso mese)
c.m.	=	corrente mese
c.a.	=	corrente anno
C.so	=	Corso
C.P.	=	casella postale
ecc.	=	eccetera
gg.	=	giorni
n°	=	numero
n/ o ns	=	nostro
N.B.	=	Nota Bene
p.es.	=	per esempio
P.S.	=	Post Scriptum
P.za	=	Piazza
P.T.	=	Poste e Telegrafi
p.c.	=	per conoscenza
p.c.c.	=	per copia conforme
p.v.	=	prossimo venturo
S.V.	=	Signoria Vostra
tel.	=	telefono
u.s.	=	ultimo scorso
V.	=	Via
Vs. o V/	=	Vostro

N.B. Un'ultima osservazione di carattere generale: nella corrispondenza privata l'ideale sarebbe di scrivere la lettera a mano. Ma nulla impedisce di scriverla anche a macchina. Attenzione però: le lettere di condoglianze e di congratulazioni dovranno essere scritte a mano. Idem per i biglietti.

BIGLIETTI DA VISITA, CARTONCINI E CARTOLINE

S'inviano biglietti – cioè i normali biglietti da visita e i cartoncini – per invitare, ringraziare, fare gli auguri, fare le congratulazioni, le condoglianze; e per accompagnare un dono. Nell'invio dei biglietti – che è bene che siano scritti a mano – si dovrà tener presente quanto segue:

- scrittura chiara e firma per esteso;
- eleganza del biglietto e naturalmente la forma con cui viene scritto: margini spaziosi, niente correzioni;
- colori tradizionali: bianco, beige, celeste chiaro;
- nei biglietti per matrimoni o condoglianze, non dimenticare l'indirizzo a mano sul retro della busta, a meno che il biglietto sia su carta intestata: il destinatario vi potrà ringraziare senza essere costretto a cercare il vostro indirizzo;
- i biglietti d'auguri spediti per posta vanno chiusi in busta se il destinatario è una persona di riguardo, aperti nel caso di amici o parenti;
- non si dimentichi la data, in alto a destra o a sinistra, se il fondo è occupato dall'indirizzo e numero telefonico; data invece in fondo a destra se l'alto è occupato dal vostro nome e cognome, per es.:

> *Antonio Fiori*
> *a Giulia, sincera e affettuosa amica,*
> *con tanti auguri per il suo onomastico*
>
> *Roma, 18 novembre 19..*

Due parole infine sulla cartolina. Subito una domanda: è corretto inviare una cartolina con la sola firma? Per essere corretto, è corretto: soltanto che non è simpatico, potrebbe urtare la suscettibilità del destinatario: ma come, non ha sentito il bisogno di dirmi almeno una parola? Eppure parole di circostanza non mancano: «Un saluto», «Un affettuoso saluto», «Cari saluti», «Baci e abbracci» ecc.

TELEGRAMMI E SEGRETERIA TELEFONICA

Il telegramma è uno dei mezzi di comunicazione scritta più rapidi. Si mandano telegrammi in tre occasioni classiche: per matrimoni, morti, nascite. A scanso di equivoci, indicate nome e cognome per mettere il destinatario nella condizione di individuarvi subito fra tanti altri amici, parenti e conoscenti, che a loro volta inviano telegrammi per felicitazioni o condoglianze. Nei telegrammi non si usa punteggiatura; la parola stop sostituisce il punto, la congiunzione "et" al posto di *e*. Consigliamo di scrivere prima il testo integrale e successivamente, dopo aver soppresso le parole non essenziali, di riportarlo, chiaro e corretto, sull'apposito modulo. Alcuni esempi:

SCONVOLTI TRISTE NOTIZIA
MARIO ET PAOLA
INVIANO SENTITE CONDOGLIANZE

FELICEMENTE COMMOSSI
CARLO ET FAMIGLIA
INVIANO VIVISSIME CONGRATULAZIONI
ET AUGURI NASCITA PICCOLA PATRIZIA

AUGURI AFFETTUOSI ET FELICITAZIONI AGLI SPOSI GIANNA PIERO ROSSI

Nel caso dei cablogrammi (messaggi inviati attraverso cavi sommersi nel mare o negli oceani, in combinazione con il telegrafo) va indicata la via che devono seguire, (es.: «VIA CAVO GENOVA»).
Quanto alla segreteria telefonica: questa recente (ma non troppo) trovata ha lo lo scopo preciso di raccogliere messaggi. Che siano perciò messaggi, cioè comunicazioni brevi, precise, concise. Insomma, l'essenziale. Il resto, la conversazione, le spiegazioni verranno poi, a tu per tu. Il messaggio da lasciare alla segreteria telefonica dovrebbe essere preparato prima di lasciarlo, in modo da non restare confusi e impappinati, senza sapere come cominciare e anche senza sapere come dire, seguendo un ordine logico, quello che si deve dire. Ecco un paio di esempi: «Sono Tino, mi sono interessato di quel tuo problema, dobbiamo parlarne a viva voce. Fammi sapere dove e quando». Oppure: «Sono la signorina Bianchi, desidererei parlarle. Il mio numero di telefono è 241238, preferibilmente ai pasti». La prima cosa da fare è presentarsi: il destinatario del messaggio deve sapere chiaramente con chi ha a che fare e deve essere messo in grado di raggiungerci per telefono lasciandogli il nostro numero e avvertendolo dell'ora in cui siamo reperibili.

IL TELEFONO

Il telefono è uno strumento per comunicare velocemente e come tale la conversazione deve, o almeno dovrebbe, esse-

re ridotta all'essenziale. Cose da non fare con il telefono: chiamate prima delle otto e mezzo del mattino e dopo le dieci di sera. Esempio di una telefonata corretta: «Buongiorno! Sono Carlo Rossi. Desidererei parlare con il signor Bianchi. Se in questo momento è occupato, non lo disturbi, lo richiamerò più tardi... »
Se siete voi a chiamare, è bene iniziare con un saluto poi presentarvi: «Sono Carlo Rossi», oppure «Sono Carlo» (se siete in rapporti confidenziali), oppure «Sono il dottor Rossi» (se i rapporti sono formali).
Anche chi risponde all'apparecchio farà bene a presentarsi a sua volta: «Qui casa Bianchi, buongiorno!», «Qui Maria Dori, buonasera!»

Queste sono le frasi da evitare, per chi telefona:
«Pronto, c'è Gino?», «Salve, c'è Carlo?», «Mi dia Teresa», «Voglio parlare con Adele, c'è?», «Questo numero corrisponde alla casa Bianchi?».

Dove sta l'errore? L'errore sta nel fatto che è come se chi telefona fosse entrato in casa Rossi o Bianchi senza bussare, senza presentarsi, senza salutare o senza togliersi il cappello, e avesse cominciato a girare attorno come se fosse a casa sua. Avrebbe dovuto almeno scusarsi: «Scusi, è la casa Rossi?», «Chiedo scusa, è la casa Bianchi?».
Altro punto: se dall'altro capo del filo vi si dice che quella non è la casa Rossi, non insistete, non fate discussioni; riattaccate non senza esservi prima scusati e aver cortesemente salutato.
Se avete il dubbio che si tratti di un'interferenza, pregate il signor Rossi di staccare la cornetta per alcuni secondi in maniera che voi possiate escluderlo dalla sua involontaria intromissione. Scusatevi per il disturbo che gli avete arrecato e salutate cortesemente.

Ed ecco le frasi da evitare, per chi riceve la telefonata. «Qui non c'è nessun Gino, che cosa vuole lei?», «Carlo c'è ma sta dormendo», «Che cosa vuole lei da Teresa?», «Adele c'è, ma in questo momento non è disponibile».

Chi risponde al telefono deve astenersi dallo scendere in dettagli troppo personali, come per esempio: «Adele è appena entrata nel bagno...» In altre parole: evitare di specificare che cosa sta facendo la persona chiesta al telefono. Rispondere educatamente: «Lei cerca Gino? Qui non c'è, forse lei ha sbagliato numero», «Lei cerca Teresa, un attimino, vado a vedere se c'è», oppure, «Mi dispiace, è appena uscita». Se invece al telefono è proprio Adele, che in quel momento non ha né il tempo né la voglia di parlare, dovrà, inventando un pretesto elegante, scusarsi per un contrattempo imprevisto, promettendo di richiamare non appena se ne sarà liberata.

Chi telefona per prima cosa, abbiamo detto, deve presentarsi: «Buongiorno! Sono Mario Rossi. Parlo con il signor Bianchi?». «Sì, sono io, buongiorno». «Signor Bianchi, le sarei grato se mi volesse fissare un appuntamento... » eccetera. Questo quando dall'altro capo del filo risponde una persona con la quale non c'è mai stato alcun rapporto, sia al telefono sia di persona.
Ma se chi è all'altro capo del filo è qualcuno che conoscete, con cui avete rapporti, in questo caso la prima cosa da fare è informarsi sulla sua salute. «Signor Rossi, come sta?» Entrare subito in argomento, senza chiedere prima notizie sul suo stato di salute, non sta bene. Si sa che l'interessamento è soltanto formale. Non importa.
Per contro, chi riceve la telefonata, la persona alla quale sono state chieste le informazioni di cui sopra non dovrà certamente fare un elenco dei suoi acciacchi e nemmeno

denunciare apertamente l'acciacco che in quel momento lo affligge («Starei bene se non avessi queste maledette emorroidi»), né tanto meno scendere in dettagli su quelle «maledette» emorroidi («terribili, perché sono interne...»). Ebbene, anche se non si è in perfetta forma, si dirà sempre: «Mi difendo», «Cerco di difendermi», «Bene, a parte qualche acciacco» e cose del genere.

PARTE PRIMA
LE OCCASIONI LIETE

Nascite, comunioni e cresime

LE PARTECIPAZIONI: A CHI?

La nascita di un bambino è un avvenimento importante nella storia della famiglia. È una festa, una gioia da vivere intorno alla puerpera (in clinica o a casa). A questa festa sono invitati a partecipare idealmente e, se possibile, di persona i parenti più stretti e gli amici più cari, ai quali è bene comunicare, diciamo ufficialmente, la notizia del lieto evento. Non è il caso, però, di farne partecipi anche coloro con i quali da tempo non ci si frequenta o con cui comunque s'intrattengono rapporti solo formali: non si farebbe altro che metterli in imbarazzo sollecitando implicitamente telegrammi di felicitazione, o fiori o regali di circostanza.

IL BIGLIETTO

Il lieto evento è tradizionalmente annunciato con un semplice biglietto stampato oppure scritto (naturalmente ci sono altri mezzi, il telegramma, la lettera, la telefonata, di cui parleremo più avanti). Prima raccomandazione: evitare esibizionismi di carattere letterario, perciò niente espressioni troppo ricercate, eccessivamente poetiche, che vogliono essere originali a qualsiasi costo. Siate semplici, discreti, e magari anche apparentemente formali: semplicità e misura sono segni di distinzione. Modello di annuncio classico:

> *Giorgio e Fabrizia*
> *annunciano con gioia la nascita di*
> *Antonio*
> *Roma, 4 aprile 19...*
>
> *(Indirizzo di casa e telefono)*

Con variazioni, ovviamente, sul cliché: *Giorgio e Fabrizia annunciano, con grande gioia* (*con infinita gioia*), *la nascita di...* Oppure: *Giorgio e Fabrizia annunciano, felici, la nascita di...* Oppure: *Giorgio e Fabrizia partecipano, con gioia, la nascita di...* Oppure: *Giorgio e Fabrizia, con il piccolo Marco* (che sarebbe il fratellino), *annunciano* (*partecipano*) *con gioia la nascita di...*
Breve divagazione stilistica: il lettore avrà notato che le espressioni *con gioia, con grande gioia, felici* ecc. ora sono tra due virgole, ora non lo sono. Ebbene, esse, racchiuse tra due virgole, spiccano, acquistano un maggior risalto.
Ma torniamo al nostro classico biglietto di partecipazione: non si dimentichi di indicare, in fondo a destra (di solito, ma non c'è una legge che proibisca di metterlo a sinistra) l'indirizzo di casa e il numero di telefono. L'indicazione del numero telefonico è un messaggio sottinteso con il quale si vuole far capire al destinatario che una visita alla neomamma e al suo piccolo sarebbe gradita: visita che dovrà essere preannunciata per telefono.

QUALCHE SUGGERIMENTO

Un semplice, comune biglietto da visita va benissimo. Piuttosto, le partecipazioni di nascita dovrebbero avere un formato più piccolo di quelle per matrimoni; dovrebbero... Non è di buon gusto però, stampare biglietti troppo piccoli, come se si volesse simulare che è il neonato stesso a comunicare il proprio arrivo su questa nostra Terra: piccolo lui, e quindi piccolo anche il formato del biglietto.
Sempre a proposito del biglietto di partecipazione: se i genitori sono di nazionalità diverse, italiana per esempio, e inglese, si scelga, al posto del biglietto tradizionale, un cartoncino doppio su cui scrivere l'annuncio nelle due lingue, su un lato l'inglese e sull'altro l'italiano.
Infine, l'avrete notato: il nome del marito precede sempre quello della moglie, *Giorgio e Fabrizia annunciano...* (e non *Fabrizia e Giorgio*): è una consuetudine tuttora rispettata e seguita.

PARTECIPAZIONI SCANZONATE

Dicevamo, anzi raccomandavamo, di evitare qualsiasi esibizionismo poetico od originalità a tutti i costi. Consigliavamo di stare sul classico, sul tradizionale, con discrezione, di mantenere, come dire? un certo distacco.
Tuttavia ci sono situazioni nelle quali un pizzico di spirito non guasterebbe. Quando? Quando sappiamo con certezza con chi abbiamo a che fare. In altre parole, quando conosciamo a fondo gli umori, i caratteri e soprattutto il senso dell'umorismo dei destinatari della partecipazione. Soltanto a costoro possiamo permetterci d'inviare una partecipazione scanzonata, per esempio di questo tipo:

È arrivato Antonio. È arrivato all'una e cinque di questa notte. Antonio pesa tre chili e venticinque grammi, è alto quarantotto centimetri e due millimetri, e vi attende – così ci è parso di capire – a casa per festeggiare il suo arrivo con champagne... e latte.
Lo annunciano con gioia Giorgio e Fabrizia.

(Indirizzo e numero di telefono)

QUESITI, PRECISAZIONI

A questo punto il lettore potrebbe porsi alcune domande: bisogna, per esempio, indicare la data della nascita del bambino sul biglietto di partecipazione?
Non è necessario, ma se si vuole festeggiare il lieto evento la data di nascita non ci sta male. Dipende anche, in un certo senso, dal tipo di rapporto che i genitori del bambino, in modo particolare la madre, hanno con il destinatario della partecipazione (zio, zia ecc.): se è un parente stretto con il quale si è in rapporti assidui, anche se lontano, riteniamo che sia giusto aggiungere la data, e magari anche l'ora, e magari anche il minuto.

BATTESIMO

Il battesimo è un avvenimento tipicamente, strettamente religioso; non c'è l'usanza d'inviare partecipazioni. Caso mai c'è il problema della scelta del padrino e della madrina, che si individueranno generalmente entro la cerchia degli amici intimi o dei parenti più stretti. Non si rifiuteranno eventuali candidature da parte di amici commenda-

tori e persone facoltose con le quali, per ragioni varie, ci sono interessi in comune. I genitori dovranno comunicare, beninteso con un po' di anticipo, al padrino e alla madrina la loro scelta. Comunicare come? Oralmente s'intende. «Cara zia, saremmo veramente felici se tu e lo zio teneste a battesimo Antonio»; «Caro Giovanni, e cara Adele, è da nove mesi che siete segretamente presenti nel nostro cuore: insomma, che pensiamo a voi come padrino e madrina del nostro bambino...».
Certo, con gli amici con i quali si è in confidenza e con i quali c'è stata più di una volta l'occasione di parlare della cosa, la «diplomazia» è inutile. Utili invece, anzi necessari e doverosi sono questi giri di frase – la «diplomazia» insomma – quando si ha a che fare, come dire?, con persone di riguardo, per esempio con il commendatore, vecchia amicizia di famiglia ereditata dai suoceri, con il capufficio, con persone formalmente vicine. A questi amici, inviando il biglietto di partecipazione si potrebbe aggiungere, scritta a mano, una frase del genere: «Mentre annunciano il lieto evento Pietro e Carla Grossi si permettono di esprimere il desiderio di averLa con Sua moglie (*attenzione alle maiuscole, hanno la loro importanza*) come padrini del piccolo Andrea». Naturalmente tale «messaggio» dovrà essere seguito da una telefonata, se non altro per togliere dall'imbarazzo il commendatore, il quale, a voce, potrà eventualmente declinare l'invito con una scusa dignitosa accampando impegni ecc.
Quali sono i doni tradizionali del padrino e della madrina? C'è poco da scegliere: la solita catenina d'oro con l'immancabile medaglietta che porta inciso il nome e la data di nascita del neonato. Consigliati pure ninnoli in argento, come per esempio un bicchierino, un cucchiaino, una spilla da balia d'oro per fermare il bavaglino.

NASCITA TANTO ATTESA... E IL CASO OPPOSTO

Se la sposa arriva alla maternità dopo una lunga attesa e cure mediche: come dovranno comportarsi i genitori nelle partecipazioni?
Dovranno scrivere, mettiamo, sul biglietto di partecipazione una frase come questa: «Dopo tante cure mediche, Roberto e Marisa partecipano la nascita del piccolo Luca»?
No! Via quel «dopo tante cure mediche», che è assolutamente fuori luogo. Lo scopo della partecipazione di nascita è rendere gli altri partecipi di una gioia, e non ricordare loro quanto tale gioia sia costata in delusioni, attese e «cure mediche»! Basterà sottolineare la trepidazione dell'evento:

Lunedì 8/10 alle 23,50
nella clinica...,
atteso con tanto amore,
è nato
Luca.
Lo annunciano, commossi e felici,
Roberto e Marisa.

(Indirizzo e numero di telefono)

Il caso opposto: la coppia che non ha problemi. Dopo i regolamentari nove mesi dal matrimonio, ecco arrivare, infatti, puntuale e senza complicazioni, il figlio. Cioè il primo figlio, se le intenzioni sono quelle di proseguire (sino a un certo limite s'intende). Di questo primo figlio, non senza un pizzico di civetteria e di sottile orgoglio, Roberto e Marisa potranno annunciare la nascita in questo modo:

Roberto e Marisa
annunciano, felici,
la nascita del loro primogenito
Luca...

... e lasciano capire che, dopo un necessario e congruo periodo di tempo, Luca sarà seguito da Piero, e Piero sarà poi seguito da Anna, alla cui nascita l'annuncio potrebbe essere:

Roberto e Marisa,
unitamente ai figli Luca e Piero,
sono felici di partecipare la nascita di
Anna
avvenuta a... (luogo e data)

PARTECIPAZIONI PER TELEGRAMMA, TELEFONO E LETTERA

È normale la partecipazione di nascita a mezzo telegramma? No, ma... Ma, si sa, ci possono essere situazioni particolari, come quella di una persona molto cara, affettivamente vicina alla puerpera, ma temporaneamente lontana per un motivo qualsiasi, supponiamo di lavoro, alla quale si desidera comunicare il lieto evento. In questo caso si può, anzi si deve, ricorrere al telegramma, facendo poi magari seguire per posta aerea la partecipazione con biglietto tradizionale. Quale il testo? Il solito: basterà togliere il superfluo (in genere gli articoli):

Roberto et Marisa annunciano felici
nascita Luca 24 ottobre

Questa, la notizia. Certo, se si vuole essere più precisi, si può aggiungere al testo: *segue lettera.*
Ma prima di passare alla lettera, vediamo la telefonata.
Il telefono, all'infuori di quelli tariffari (cioè gli scatti, che costano), non soffre dei condizionamenti del telegramma.
Il telefono è libertà. Ma, ovvio, di questa libertà – soprattutto in telefonate di partecipazione – non bisogna abusare. È doveroso attenersi all'essenziale, e l'essenziale è l'evento: come, dove e quando è avvenuto il parto, la salute del bambino, la salute della madre, caratteristiche del bambino (peso, colore dei capelli ecc.), data del battesimo.
Niente pettegolezzi, niente critiche, sia pure sfumate e ironiche, nei confronti di suoceri, amici ecc. Insomma, il fatto in se stesso con gli inevitabili dettagli che lo completano.
E veniamo alla lettera: bisogna per prima cosa stabilire se la missiva tradizionale possa ancora oggi avere una funzione nelle partecipazioni di nascita. Noi riteniamo di sì, una funzione può averla anche in questa nostra epoca dominata dal telefono, sia pure in casi particolari. Supponiamo che i parenti o le persone care alle quali si vuole comu-

nicare il lieto evento si trovino molto lontani, mettiamo negli Stati Uniti d'America. Ovviamente, data la distanza, sarà bene informare per telegramma, o anche per telefono, i destinatari, avvisandoli che, per i dettagli, seguirà una lettera. Che cos'è una lettera? Una conversazione linguisticamente più controllata. Esempio:

> *Carissimi,*
> *come promesso nel mio telegramma del..., eccomi a voi per darvi i particolari del lieto evento. Innanzitutto mamma e figlio stanno benissimo. Marisa è entrata in sala parto della clinica... all'una di notte e ne è uscita, insieme con il neonato, mezz'ora dopo. Tutto è avvenuto senza complicazioni. Il bambino pesa tre chili, impossibile stabilire per ora a chi assomigli di più, se alla madre o al padre, cioè a me. Quello che è certo, è che è un bel bambino, anzi bellissimo, già con il suo caratterino: si esprime di tanto in tanto con strilli acutissimi: ottenuto ciò che voleva, cioè la poppata, si addormenta tutto serio e soddisfatto, dorme per delle ore, infischiandosi della madre, del padre, dei cugini e del mondo intero. Marisa è felice e, partecipandovi per primi il lieto evento, desidera esprimervi tutto il suo affetto. Un abbraccio da Roberto.*

I DUE SIGNIFICATI DEL VERBO «PARTECIPARE»

Partecipare è un verbo che può essere usato in senso transitivo (cioè con complemento oggetto), con il significato di annunciare, comunicare. L'abbiamo visto testé: «Marisa è felice e, *partecipandovi* per primi il lieto evento...».

Cioè, comunicandovi, annunciandovi, che cosa?, *il lieto evento* (complemento oggetto). Altro esempio:

> *Carlo e Luisa*
> *partecipano con gioia*
> *la nascita di*
> *Andrea.*

Ma partecipare può essere usato anche in senso intransitivo, cioè senza complemento oggetto; e in questo caso il significato cambia: qui partecipare è usato nel senso di «prendere parte a».
Ed è proprio con questo preciso significato che viene usato nelle risposte alle partecipazioni. Cioè nelle felicitazioni.

LE FELICITAZIONI

Chi riceve la notizia del lieto evento è tenuto, secondo le buone maniere, a un preciso dovere: quello di rispondere. Come? Esprimendo all'interessato (o agli interessati) a mezzo biglietto, oppure telegramma, oppure a viva voce, il proprio compiacimento, la propria partecipazione alla gioia dell'evento. In una parola, le proprie felicitazioni. Generalmente a servirsi del tradizionale biglietto o del telegramma saranno i parenti e gli amici cari che si trovano lontano, e sono nell'impossibilità almeno temporanea di fare visita alla puerpera.

Se la partecipazione è indirizzata a parenti e amici vicini, essi in un certo senso hanno l'obbligo di fare visita alla madre e al bambino, naturalmente con un regalo.
Torniamo adesso al biglietto e al telegramma per le persone lontane... Abbiamo detto biglietto, intendendo per biglietto anche i cosiddetti cartoncini, reperibili in quasi tutte le cartolerie e adatti all'occasione, sia che si tratti di un bambino o di una bambina. Attenzione però al colore: biglietto colorato in rosa per una femminuccia, in azzurro per un maschietto.
Quanto poi al testo del telegramma o del biglietto (o cartoncino), il lettore potrà scegliere, modificandoli secondo le circostanze, tra i seguenti esempi:

• *Francesco e Graziella unitamente a Marco e Gisella inviano felicitazioni vivissime per il lieto evento.*

• *Con i più cari e affettuosi auguri al piccolo Luigi, partecipiamo vivamente alla gioia dei genitori. Un abbraccio da Sandro e Elisabetta.*

• *Partecipiamo alla vostra gioia e vi abbracciamo tutti e tre con tanto affetto. Michele e Rita.*

• *Ci felicitiamo, facciamo festa alla piccola Alba, vi abbracciamo.*
Alberto e Lisa.

• *Vivissime felicitazioni e un bacetto sulla testina della piccola Enrica da parte di Pasquale e Assunta.*

• *Congratulazioni ai genitori, un bacetto al fratellino e una tenera carezza alla piccola Tullia.*

• *Tullio e Laura vi sono affettuosamente vicini e vi augurano tanta felicità.*

- *I nostri più vivi rallegramenti con tanti auguri per la piccola Gabriella. Mario e Luisa.*

- *Felicissimi per la meravigliosa notizia, Renzo e Paola vi sono affettuosamente vicini.*

- *Congratulazioni, rallegramenti e felicitazioni per il lieto evento dagli amici di sempre. Lamberto e Marcella.*

- *Abbiamo accolto la bella notizia con grande gioia e con l'affetto che conoscete. Franco e Gisa.*

Oltre che per telegramma o a mezzo biglietto, le felicitazioni si possono fare anche con un annuncio su un quotidiano. Ecco un esempio:

> *È nata Bianca (*questo il titolo*)*
> *(*Testo*) Ieri è nata Bianca Bianchi. Pesa tre chili e 350 grammi. È una bimba stupenda: papà Domenico assicura che somiglia a lui. Alla piccola Bianca auguriamo un futuro radioso. Alla mamma Santina e a Domenico un caro augurio da tutti noi colleghi.*

Un altro esempio? Eccolo:

> *È nata Roberta (*titolo*)*
> *(*Testo*) Ieri, alle ore 23,10 nella clinica..., la signora Teresa ha dato alla luce una meravigliosa bambina a cui sarà posto il nome di Roberta. Alla piccola Roberta, che si affaccia alla vita, auguriamo pace, bene, serenità, fortuna e felicità. Ai genitori, le nostre felicitazioni e i nostri complimenti. Carlo, Sergio con Marina e Gisella.*

RINGRAZIAMENTI PER LE FELICITAZIONI

Lettera per la nascita di un figlio quando tutte le speranze sembravano perdute

Caro/a,

ti ringrazio per il tuo telegramma di felicitazioni. Sì, è vero, sono, anzi siamo felicissimi: lo siamo al punto che non riusciamo a trovare le parole adatte per esprimere appieno tutta la nostra gioia. Tu capirai: dopo dieci anni di matrimonio, quando ormai tutte le speranze sembravano perdute, ecco, all'improvviso e inattesa, la bella notizia: entro pochi mesi anch'io sarei diventata mamma.
Ricordo perfettamente quel giorno e quell'ora. Non ti nascondo, in mezzo a tanta gioia e felicità, un po' di preoccupazione: la nascita di un figlio porta con sé una grande responsabilità.
Immagino che tale responsabilità pesi sui genitori, specialmente quelli alle loro prime esperienze, come me per esempio.
Ti dirò che a sorreggermi c'è in me una grande speranza: la speranza di aver la forza, il coraggio e soprattutto la serenità necessari ad affrontare, con il mio bambino in braccio, la vita che mi attende, con le sue gioie ma anche con i suoi sacrifici.
Un caloroso abbraccio da

(Firma)

Stesso tema (biglietto)

Carissimi,

abbiamo ricevuto la vostra affettuosa lettera con la quale vi rallegrate per la nascita del nostro primo figlio. Vi ringraziamo, Luisa e io, per esserci così vicini in un momento così importante della nostra vita. Voi sapete con quale desiderio lo abbiamo atteso. Dalle tenebre in cui giaceva egli ha sentito il nostro desiderio e le nostre invocazioni, ed è finalmente arrivato. Siamo felici. Vi ringraziamo per la felicità che dividete con noi e vi abbracciamo affettuosamente.

Angelo e Luisa

Idem per la nascita di gemelli (biglietto)

Carissimi,

vi ringraziamo per le vostre affettuose felicitazioni. Ci deve essere stato un malinteso con il Cielo: noi ne chiedevamo e ne aspettavamo uno. Ne sono arrivati invece due. Benvenuti tutti e due. Siamo felicissimi. Grazie, Maria, grazie, Roberto. Vi aspettiamo per poter presentarveli. Vi abbracciamo.

Rosa e Federico

Idem per la nascita di gemelli (lettera)

Caro/a...,

ti ringrazio per le tue affettuose, sincere felicitazioni. Non ti nascondo che mio marito e io siamo ancora un po' frastornati dall'evento doppiamente lieto: sapevamo attraverso gli esami che in viaggio c'era una coppia. Ma un conto è sapere, un conto è vedere: vedere cioè con i nostri occhi quei due esserini, apparsi insieme alla vita, l'uno accanto all'altro, ignari, indifesi, innocenti. Quanta tenerezza! Non ti nascondo che, nella gioia, c'è anche un po' di preoccupazione: un figlio è già una grande responsabilità; due figli, generati insieme, sono una responsabilità ancora più grande. Lo so bene: ciò che mi aspetta, specialmente in questi primi mesi, sarà una vita di lavoro, di sacrifici, di privazioni, di ansie e di timori. Non è questo comunque il problema principale. Il problema principale è che tutti e due siano sani e stiano bene. Questo per me e per mio marito è veramente ciò che conta. Abbiti un affettuoso abbraccio da

(Firma)

PARTECIPAZIONI E FELICITAZIONI PER L'ADOZIONE DI UN BIMBO

Sia ben chiaro: le coppie che hanno avuto lo slancio, la gioia e – diciamo pure – la fortuna di adottare un bambino sono a tutti gli effetti, sia dal punto di vista psicologico sia dal punto di vista giuridico, dei genitori. Anzi, in un certo

senso, sono doppiamente genitori. E come tali possono comunicare la bella notizia ai parenti e agli amici più cari con biglietto da visita (o cartoncino stampato) oppure con telegramma. In questo caso, cerchino di evitare le frasi troppo patetiche o eccessivamente trionfalistiche, come: *Dopo tante preoccupazioni e vicissitudini di carattere burocratico, è finalmente arrivato fra noi...; Profondamente esultanti annunciamo che...; Partecipiamo con commozione e con orgoglio l'adozione di un bambino brasiliano.*
D'altra parte, è da supporre che gli amici più cari e i parenti più intimi siano al corrente dei passi intrapresi per l'adozione; inutile quindi, anche perché di dubbio gusto, pubblicizzarli nella partecipazione.
Se lo si desidera, si potrà allegare alla partecipazione una bella fotografia della bambina o del bambino.
Partecipazioni quando? Partecipazioni come? Presto detto: ad adozione burocraticamente e giuridicamente avvenuta; se il bambino adottato proviene da altri Paesi, spedire le partecipazioni al ritorno dal viaggio. Quale il testo? Semplice, se il bambino è stato adottato in Italia:

Accolto con grande gioia
è arrivato tra noi
uno splendido bambino
di nome Giulio.

Seguiranno il nome e il cognome dei genitori che hanno adottato il bambino, l'indirizzo e il numero di telefono: il

numero di telefono per suggerire che una visita, preceduta da una telefonata, sarebbe gradita.
Oppure:

Enrico e Adele Rossi
partecipano con gioia
l'arrivo in famiglia
di un bel bambino di nome
Giulio.

(Indirizzo e numero di telefono).

Se il bambino adottato proviene da un altro Paese:

È con grande felicità
che annunciamo
di essere tornati dal Brasile
con una meravigliosa bambina.
Il suo nome è
Maria

ed è nata a Rio il 4 luglio 19...

Per quanto riguarda le felicitazioni: cosa e come rispondere? Stesso comportamento delle "normali" felicitazioni a partecipazioni di nascita: biglietto, oppure cartoncino, oppure telegramma.

PER ACCOMPAGNARE IL REGALO ALLA PUERPERA E AL BAMBINO

Quando si va a fare visita a una neomamma non ci si presenta a mani vuote. Più che un regalo vero e proprio (dovrebbe pensarci il marito), si offrirà il tradizionale mazzo di fiori, con un biglietto sul quale saranno scritte le consuete parole di circostanza:
Le nostre più vive felicitazioni e i nostri più sinceri auguri, e firma. Le parole sono queste: con qualche aggettivo in più o in meno.
Al neonato di solito si offrono ninnoli d'argento, la spilla per fermare il bavaglino, la catenina d'oro e la medaglietta con incisi il nome e il cognome del bambino e la data di nascita. Tra i regalini ci potrà essere una camicina di seta bianca, alla quale potrà fare riferimento il biglietto che l'accompagna: *Al caro Paolino, nato con la camicia*, data e firma: il che vorrebbe significare, secondo il vecchio detto, tanta fortuna.

CRESIME E COMUNIONI

Le partecipazioni si inviano ai parenti, agli intimi, ma soprattutto alle compagne di scuola, ai compagni, alla maestra ecc. Esse dovranno essere semplici e di piccolo formato per poter poi essere riposte tra le pagine di un libro da messa. La formula è generalmente la seguente:

Patrizia Rossi
ricorda la sua Prima Comunione
Parrocchia di San Giovanni in Roma
Roma, 15 maggio 19...

Patrizia Rossi
ricorda la Cresima
Parrocchia di San Giovanni in Roma
Roma, 18 aprile 19...

Regali tradizionali: libro da messa, coroncina del rosario, medaglia ricordo in oro della prima comunione o della cresima, portaritratto in argento o pelle bianca ecc.
Quanto alle felicitazioni bisognerebbe piuttosto parlare di raccomandazioni, come quella di una nonna, vecchia maestra in pensione che, complimentandosi con i genitori che avevano portato il figlio alla Cresima, scriveva: *I miei più affettuosi auguri al nipotino, da oggi soldato di Cristo, e una mia benevola raccomandazione a voi: ricordatevi che, come scriveva Rabelais, "un bambino non è un vaso da riempire, ma un fuoco da accendere".*

Relazioni sentimentali: alti e bassi

Un tempo, a farla da padrona in affari di cuore era la lettera. Cinquant'anni fa Pasquale Esposito, di Napoli, militare a Casale Monferrato, se voleva rassicurare del proprio amore la fidanzatina a Salerno, prendeva carta, penna e calamaio, e giù: cara... Oggi, a Pasquale, militare a Casale Monferrato, basta comperare una decina di gettoni, infilarli uno dopo l'altro nella finestrella dell'apparecchio del bar di fronte alla caserma, comporre un certo numero, e oplà: ciao, tesoro, come stai?...
Non c'è dubbio che a farla da padrone, oggi, sia il telefono. L'amore, con le sue bonacce e le sue tempeste, corre oggi sul filo. Lettere d'amore, lettere appassionate, disperate, romantiche, dunque, addio? Non del tutto: ci sono momenti particolari in cui, per meglio puntualizzare, precisare, analizzare, chiarire, dissipare, o sciogliere un nodo sentimentale, il ricorso alla lettera appare più adatto alla bisogna.

APPROCCI TELEFONICI

«Patrizia? Sono Gianfranco, ti dice qualcosa questo nome? Cesenatico, agosto 19..., il mare, la musica, le notti folli in discoteca e un'infinità di altre pazzie. Immagini di

un'estate indimenticabile. Immagini che rivedo volentieri, con malinconia e, ti dirò, con un po' di emozione. Tu mi chiederai perché. Perché ritrovo te, con quel tuo modo di sorridermi, qualche volta di parlarmi. Insomma, ti ricordi di me? Io mi ricordo molto bene di te, mi sei rimasta, in un certo senso, come scritta dentro. Che devo fare? Cancellarti? Non so però se ho in me scolorina sufficiente, cioè i mezzi per farlo, e diciamo pure anche la volontà. Patrizia, perché non ci vediamo?
Trovi proprio sciocca una proposta del genere?»

RISPOSTA AFFERMATIVA

«No, Gianfranco, non trovo affatto sciocca la tua proposta. Mi chiedi che cosa devi fare: dal momento che il mio nome è scritto nel tuo cuore, come tu dici (ma sarà poi vero?), non cancellarmi, lasciami dove sono, cioè dentro di te: dico bene? Se sbaglio correggimi. Gianfranco, sai una cosa? Me la sentivo che ti saresti fatto vivo. Quando a Cesenatico, sulla spiaggia ci siamo visti la prima volta, ricordo di avere avuto una strana impressione: di averti già incontrato da qualche parte. Forse un'immagine come la tua era da tempo nei miei sogni di ragazza: sono curiosa di studiare questo problema, di accertarmi cioè se la tua vera immagine corrisponde esattamente a quella che era nei miei cosiddetti sogni di ragazza.
D'accordo, dimmi tu quando e dove.»

RISPOSTA NEGATIVA

«Caro Gianfranco, ti ringrazio innanzitutto per le gentili espressioni che hai avuto nei miei confronti. Mi ricordo

molto bene di te e ti dirò che ti avevo trovato piacevole e interessante: te lo dico con la massima sincerità.
Con altrettanta sincerità devo dirti però che non posso seguirti nelle tue eleganti avances, e sono sicura che tu mi capirai.
Da qualche mese esco con un ragazzo che abita nel mio stesso quartiere, e penso che lui non sarebbe d'accordo sul fatto che ci telefonassimo, anche se soltanto da buoni amici.
Penso anzi che sarebbe geloso.
Mi spiace, Gianfranco. Mi chiedi che cosa devi fare: cancellami. Cancellami dolcemente, senza rancore, con amicizia.»

RISPOSTA EVASIVA

«Caro Gianfranco, ti ringrazio per tutto ciò che mi hai detto.
Credimi, sono lusingata, confusa e nello stesso tempo felice. Conservo anch'io le immagini di queste stupende vacanze passate insieme: sono stata bene con te, con i tuoi amici, con il mare, con tutto e con tutti insomma. In poche parole, mi sono distesa, riposata, divertita.
Credimi, ne avevo veramente bisogno.
Tu mi dici – usando una tua espressione – che io sono rimasta scritta dentro di te.
Mi fa piacere. Anche tu, del resto – sempre usando quella tua espressione – mi sei rimasto dentro; e così pure le immagini che conservo dei comuni amici di Cesenatico, Raffaele, Andrea, Carlo, Paolo, Marisa, Cinzia, ricordi?, tutti ugualmente cari e indimenticabili. Ti ringrazio per il bel ricordo che hai di me, sappi che tue notizie mi saranno sempre gradite. Ciao.»

APPROCCI EPISTOLARI

Cara Fiorella,

ho avuto il tuo nome (scusa se ti do del tu), il tuo cognome, il tuo indirizzo, e persino il tuo numero di telefono, da Luca, il comune amico che abbiamo festeggiato domenica scorsa a casa sua. Io sono Piero, quel ragazzo un po' spaesato che ti è stato fuggevolmente presentato dal padrone di casa. Ricordo di averti stretto la mano (un po' fredda, per la verità); ricordo inoltre i tuoi occhi nerissimi (ma un po' distratti) e i pochi convenevoli che solitamente ci si scambia in occasioni del genere. Poi mi sei sfuggita e non mi è stato più possibile raggiungerti. In compenso ti ho seguita con lo sguardo, ti ho vista passare da un ragazzo all'altro, scherzare, sorridere, ballare; e io sempre là, con il bicchiere in mano, a masticare pasticcini, muto, immobile, intontito. Che cosa era successo? Niente, un semplice coup de foudre (si dice così, no?); un colpo di fulmine mi aveva fatto saltare la corrente interiore lasciandomi solo, come un ebete, al buio. Quel colpo di fulmine sei stata tu. Non sono per ora in grado di stabilire l'entità dei danni subiti (dal cuore s'intende), e ti sarei grato se mi volessi dare una mano per fare un inventario. Insomma, uscendo dalla metafora, ciò che ti chiedo è un appuntamento. Pensaci e sappimi dire se sei eventualmente disposta a collaborare a questa specie di sopralluogo. Ti chiamerò io tra due o tre giorni. Nel frattempo t'invio un cordiale saluto.

Piero

RISPOSTA AFFERMATIVA (PER TELEFONO)

Caro Piero, non avrei mai immaginato, dandoti semplicemente la mano ed educatamente sorridendoti (com'è del resto nella consuetudine delle buone maniere) di mandarti in tilt. Dato che, come tu dici, sono io la responsabile del fattaccio (possiamo chiamarlo così?), è ovvio che io sia la prima a mettermi a tua disposizione per l'inventario dei "danni" e per l'eventuale riparazione. Voglio dirti però una cosa: se io passandoti accanto sono stata, come tu dici, un fulmine, tu parlandomi con il tono con cui mi hai parlato sei stato un fulmine e mezzo. La tua telefonata non è caduta nel vuoto, ha saputo anzi risvegliare in me un certo interesse per questa specie di guerriglia sentimentale; e un interesse anche per il guerrigliero, personaggio di cui non ho la minima idea. Delle due l'una: o sei un fine corteggiatore che fa il timido o un timido che fa lo spiritoso corteggiatore.

Per questo sono curiosa di conoscerti meglio.»

RISPOSTA NEGATIVA (BIGLIETTO)

Caro Piero, mi dispiace di aver provocato, sia pure involontariamente, quello che tu chiami un «colpo di fulmine». Io sono tutt'altro che un temporale. Sono una ragazza tranquilla, senza grilli per la testa, riservata e, per di più, sentimentalmente appagata. Sono infatti ufficialmente fidanzata con un ragazzo che mi ama e che io amo con il quale penso di sposarmi al massimo tra un paio d'anni. Ti ringrazio per le belle parole, ti saluto e ti faccio tanti auguri.

Fiorella

RISPOSTA EVASIVA (PER TELEFONO)

«Caro Piero, ben lontano da me il sospetto di averti "incendiato" il cuore soltanto porgendoti la mano e scambiando un sorriso. La tua telefonata comunque mi ha fatto piacere. Adesso che ci penso, qualcosa di te ricordo e francamente non mi dispiaci. Devo però dirti che io sono scettica nei confronti dei cosiddetti «colpi di fulmine». In una parola non ci credo. Penso che questi colpi di fulmine non siano altro che il prodotto della pigrizia o disattenzione dell'intelligenza. A scanso di delusioni (e magari di inutile perdita di tempo), facciamo una bella cosa: lasciamo decantare tumulti e curiosità. Come dice il proverbio? Se sono rose...»

APPROCCIO CASUAL

Approccio semplice, in un certo senso casuale, senza ricercatezze, improvvisato: è proprio dei giovani, per non dire dei giovanissimi. Avviene dove capita, nelle discoteche, al cinema, in casa di amici, a scuola, in strada. Preamboli ridotti al minimo, obiettivi ravvicinati, anzi immediati (un concerto, una scampagnata in moto, una serata in discoteca ecc.); niente progetti ad ampio raggio, e niente amore (almeno non se ne parla).
Lui dice a lei:
«Di', lo sai che è da due mesi che ti do la caccia, ti ho vista un mese fa a un concerto di Vasco Rossi, poi un'altra volta davanti ai cancelli del liceo, un'altra volta ancora con un ragazzo... Scusa se non mi sono presentato, Tonino, anni: più o meno come te, professione... ne riparleremo... Stavo appunto dicendoti che è da due mesi che in un certo senso ti cerco; vuoi sapere perché? Perché penso di stare bene con te, insomma mi piacerebbe conoscerti meglio: che ne

diresti di passare una domenica pomeriggio insieme, c'è un mio amico che dà una festa a casa sua, per il compleanno. D'accordo?»

LEI RISPONDE IN SENSO AFFERMATIVO

«Perché no? Mi piace ballare, mi piace la compagnia; e, a dire il vero, anche tu non mi dispiaci. Mi dici che ti piacerebbe conoscermi meglio. Te lo dico subito, c'è poco da conoscere: sono una ragazza normale, che ha fatto degli studi normali, che vive una vita normale e svolge un lavoro normalissimo in uno studio notarile...»

OPPURE IN SENSO NEGATIVO

«Caro Tonino, ti ringrazio per l'attenzione e l'interesse che hai per me, ma mi dispiace deluderti: ho già un ragazzo, mi vuole bene e qualche volta viene anche a casa mia, dunque come vedi è una cosa seria.»

OPPURE IN SENSO EVASIVO

«Caro Tonino (dico bene il tuo nome?), trovo che tu sei un ragazzo simpatico, stare con te è piacevole, lo sai? Anch'io sono curiosa di conoscerti meglio, ma, in quanto a vederci, la cosa è impossibile per ora, sono impegnata in casa, ho la nonna all'ospedale, poi devo...»

LETTERE D'AMORE

Si scrivono ancora lettere d'amore oggi? Non certo più come un tempo, ma capita. Ci sono dei momenti, specialmente quando l'amato o l'amata è lontano, in cui il bisogno di sfogarsi, di aprire il proprio cuore e di esprimere le proprie inquietudini, è irrefrenabile.

AMORE INQUIETO

Caro/a..., ogni giorno che passa divento sempre più impaziente, sempre più inquieto/a, sempre più tormentato/a. Da che cosa? Forse dalla paura di perderti, dal dubbio di non essere amato/a come ti amo io. Avverto dentro di me un senso di solitudine e di vuoto che prima d'ora non avevo ancora conosciuto. Lavoro e vedo te, cammino e vedo te, sogno e vedo te. Stai diventando un'ossessione. Le tue lettere, quando mi arrivano (ripeto: quando mi arrivano), calmano per un momento il tumulto dei sentimenti, ma non lo placano. Sei carino/a, sei gentile, e anche affettuoso/a; e ti ringrazio; ma non sento nelle tue parole vibrare quel fremito di pazzia che è soltanto degli innamorati. Vedi, quando ti ero vicino/a, forse c'era nel mio amore un po' di egoismo e d'immaturità: ti amavo perché avevo bisogno di te. Ora che sono lontano/a, il rapporto è rovesciato: sento di aver bisogno di te perché ti amo. E questo credo proprio che sia il vero amore. Vorrei tanto che tu provassi per me quello che io provo per te. Scrivimi, caro/a..., scrivimi più spesso, alla telefonata preferisco la lettera, e dimmi se in questa mia impazienza ho ancora e sempre il diritto di sentirmi felice. Dimmi che tu mi pensi come ti penso io, dimmi che tu mi ami come ti amo io. Ma, ti prego, sii sincero/a, anche a costo di ferirmi. Ti abbraccio.

AMORE RASSICURATO

Caro/a..., con la tua lettera mi hai detto le cose che ho sempre sognato di sentirmi dire da te. La tua paura di perdermi mi ha rassicurato/a, sono felice: chi ama ha paura, questa è la prova suprema. Non voglio chiedermi che cosa ci riserverà il futuro, non voglio saperlo, so soltanto una cosa: che questi momenti sono meravigliosi e che per nulla al mondo rimpiangerò di averli vissuti. Ti abbraccio.

COME CHIUDERE UN RAPPORTO SENTIMENTALE

Succede che un'amicizia tra un uomo e una donna a un certo punto degeneri: degeneri in amore. Uno dei due avverte il pericolo, ed ecco allora che in un luogo fissato e nel momento meglio indicato, lui (o lei) procede a una pacata, ragionata demolizione di quel castello sentimentale che lei (o lui) aveva pian piano costruito. Rifacciamo idealmente il discorso che lui (o lei) fa a lei (o a lui), prendendola un po' alla larga.

«... Dunque è da tempo che avverto in te qualcosa di eccessivo, di sentimentalmente, come dire?, un po' drammatico, la tua ultima scenata per esempio mi ha confermato/a nei miei timori. Amico/a mio/a, dobbiamo parlarci molto chiaro: io ho sempre saputo della stima che nutri per me, e ti ringrazio, e soprattutto di una certa idea che ti sei fatta di me, un'idea non c'è dubbio lusinghiera, ma francamente non conforme all'originale: io sono un essere umano

come tutti gli altri, con i suoi pregi e i suoi difetti. Ma, ragiona, tutto questo dove poggia?
Su un rapporto di pura amicizia e di reciproca stima. Un'amicizia disinteressata, sincera, al punto di non essere, io, mai stato/a sfiorato/a dal dubbio che essa potesse nascondere qualche malinteso di carattere sentimentale. Non avrei mai immaginato che, da parte tua, si potesse trasfomare in amore. Tu sei sempre stato/a per me un/a amico/a meraviglioso/a, intelligente, disponibile, comprensivo/a; ma i miei sentimenti non sono mai andati oltre. Non puoi immaginare quanto mi costi dirtelo. Ma è necessario, credimi. È necessario fare chiarezza sui nostri rapporti: a impormelo, se non altro, è un dovere di correttezza e di onestà. Amore è bello, ma non sempre amore è, anche se talvolta tale lo crediamo. Spesso è soltanto infatuazione, una folgore che colpisce e che passa come passa il temporale: poi la vita torna a riprendere i ritmi di prima: la quiete dopo la tempesta. Ecco, io ti aspetto in questa quiete per riprendere, un giorno, in pura amicizia, il dialogo interrotto...»

È, questo, un esempio di rottura, come dire?, soft, morbida, soffice. Ma non sempre gli amori finiscono così, malinconicamente sorridendosi. Talora la rottura è educata ma sbrigativa. Lui dice a lei (o viceversa):

«È venuto il momento di guardare in faccia la realtà, e di guardarci in faccia. È venuto il momento d'interrogarci con franchezza: può questo nostro rapporto andare avanti così? Ci amiamo ancora? Io non credo. Forse ci vogliamo soltanto bene. Siamo cambiati, non siamo più quelli del giorno in cui ci promettemmo eterno amore. Questa è la verità, che ci piaccia o no. Dunque?
Dunque non ci resta che prenderne atto e trarre delle conclusioni...»

Eccetera eccetera. Non sempre però tutto fila liscio. La chiusura di un rapporto è un'operazione chirurgica sui sentimenti, e come tale difficilmente indolore. Essa ha i suoi strascichi e la sua convalescenza: recriminazioni represse o sommesse quando non sono addirittura urlate. Per non complicare la situazione, per rendere lo strappo il più possibile indolore, non si esita a mentire. Si dice: «Siamo cambiati». Si parla al plurale nel tentativo di coinvolgere nel fallimento sentimentale anche il partner. Lui invece dovrebbe dire a lei (o viceversa): «Sono cambiato/a»: espressione eufemistica che significa: «Non ti amo più». Sottinteso: «Perciò ti lascio». Si può?

Si può, ma non si dovrebbe. C'è sempre comunque una scappatoia, forse un po' ipocrita ma necessaria, per salvare le forme e un certo stile di civiltà. Che cosa avviene? Avviene che lui (o lei) comincia a diradare gli incontri adducendo impegni sempre improvvisamente sopraggiunti, finché un bel giorno lui (o lei) fa uno strano discorso: che sta passando un brutto momento, che c'è qualcosa in lui (o in lei) che non funziona, che la vita è dura, che l'avvenire è incerto, che il matrimonio è una cosa seria, che... Conclusione: necessità di una pausa di riflessione.

Le parole che seguono per giustificare questa pausa si lasciano immaginare: caro/a, perché non mandiamo in ferie per un po' di tempo anche i nostri sentimenti? Perché non ci rivediamo fra qualche mese per un bilancio? Può darsi che dal riposo e dalla riflessione i nostri sentimenti escano rigenerati, oppure...

PAROLE DI CONFORTO A UN/UNA AMICO/A REDUCE DA UNA DELUSIONE SENTIMENTALE

Per lettera oppure direttamente a voce? Indifferente. Che cosa dire (o scrivere)?

- che la vita sentimentale ha le sue illusioni e le sue delusioni e che tutto ciò è normale;
- che ognuno di noi ha avuto le proprie delusioni e poi, si capisce, ha avuto le sue rivincite;
- che è importante non ricercare troppo queste ultime, cioè le rivincite, ma soprattutto non drammatizzare troppo le prime, cioè le sconfitte, le quali, detto tra parentesi, sono in un certo senso anche salutari;
- che in affari di cuore quelle che ci sembrano tragedie sono spesso semplici incidenti di percorso;
- che provare rabbia, dolore, amarezza, rancore, dopo tali incidenti, è naturale;
- che a questo punto dovremmo piuttosto interrogarci, fare un severo e impietoso esame di coscienza per sapere con precisione chi realmente urla e strilla dentro di noi: se il cuore, che è stato ferito e sanguina; oppure l'orgoglio, che è stato umiliato e che urla e fa il diavolo a quattro;
- che l'orgoglio non ha niente da spartire con l'amore, chiaro?
- che la delusione sentimentale è una lezione di vita, e che questa lezione ci dice molte cose: ci dice per esempio che amare è bello, ma che saper gestire i propri sentimenti è essenziale;
- che c'è un solo modo intelligente di gestire i propri sentimenti, cominciando col non esporli nudi e indifesi allo sguardo del partner, ma avvolgendoli in una specie di alone misterioso quanto serve per alimentare l'interesse, figlio della curiosità, molla che fa scattare quella cosa che si chiama amore;
- che in amore il flusso e il riflusso dei sentimenti avviene secondo leggi psicologiche e che la conoscenza di queste leggi aiuta a essere più attenti e a non commettere certi errori;

- che uno di questi errori consiste nell'infondere nel partner un eccesso di sicurezza in se stesso;
- che questo eccesso di sicurezza tende talora ad affievolire i sentimenti e non ad alimentarli;
- che il dubbio, gestito intelligentemente, tiene sveglio l'amore;
- e che infine, nonostante tutto, la vita continua con le sue infinite opportunità e che domani, come diceva Rossella, l'eroina di *Via col vento*, è un altro giorno.

FRASI PER RIANNODARE UNA RELAZIONE

• *Chi ci ha spinto a graffiarci e a farci del male? Facciamo tacere l'orgoglio e lasciamo parlare soltanto il nostro cuore.*

• *Ora finalmente vedo chiaro in me: non ho mai cessato di amarti anche quando stupidamente ti offendevo.*

• *Lo riconosco apertamente: ho avuto una sbandata, soltanto una innocua sbandata: dalla quale mi sono ripreso dopo aver capito il bene che perdevo perdendo te.*

• *Mettiamo da parte i nostri risentimenti, e lasciamo parlare soltanto i nostri sentimenti.*

• *C'è stata leggerezza da parte mia, e anche molta superficialità; mi credevo affettivamente autosufficiente. Mi sbagliavo: non lo sono. Non lo sono perché ti amo.*

• *Mi chiedo se, dopo tutto quello che ti ho detto, potrai ancora fidarti di me. Mi ripeto cento volte al giorno questa domanda, e tremo al pensiero che tu mi abbia dimenticato.*

- *Eri dentro di me, eri una parte stessa di me, eri il mio modo di vivere, di guardare il mondo, di pensare. Eri tutto questo, e io non lo sapevo. Ora lo so, e non voglio perderti.*

- *In queste settimane ho guardato dentro di me, e ho trovato il vuoto. Ti prego, ritorna, ho bisogno di te.*

- *Non lo so che cosa mi sia successo: ho detto ciò che non dovevo dire, ho fatto ciò che non dovevo fare. Ho sbagliato, ti chiedo scusa.*

- *Mi sono bastati pochi giorni da quando te ne sei andato/a, per capire ciò che non avevo capito dopo due anni: che tu mi sei necessario/a.*

- *Dimentichiamo ciò che ci siamo detti, rivediamoci, parliamone con più calma.*

- *Se i nostri rapporti non fossero stati inquinati recentemente da sospetti e malintesi, non mi avresti così brutalmente respinto/a. Perché non chiariamo questi malintesi? Perché non dobbiamo sospettare anche dei sospetti?*

- *Avrai motivo di dubitare della mia fedeltà, ma non hai ora alcun motivo né diritto di dubitare della mia sincerità: ti amo.*

- *Mi hai chiesto di dimenticarti. Volentieri, se lo potessi: ma non posso e non voglio. Non mi chiedere perché.*

- *Lasciandoti ho riacquistato la mia libertà: è vero. Ma il punto è un altro: che me ne faccio di questa libertà?*

- *Abbiamo litigato, è vero; per me però la guerra è finita e aspetto la pace.*

- *Prendo su di me tutte le responsabilità per averti aggredito/a; ora chiedo la pace, una pace con le tue condizioni.*

- *Suvvia, riconciliamoci: riconciliamoci con eleganza: c'è un bellissimo spettacolo domani sera all'Odeon. Sono stato al botteghino e ho preso due biglietti. Ho fatto male?*

- *Sono mortificato, credimi, per ciò che è successo: ti giuro che non volevo assolutamente offenderti.*

PER ESPRIMERE IL PROPRIO ACCORDO A RIANNODARE LA RELAZIONE

- *Sì, facciamo tacere l'orgoglio, questo demone che si agita dentro di noi, e, come tu dici, lasciamo parlare soltanto il nostro cuore: il mio lo puoi leggere come e quando vuoi; è tuo, lo sai.*

- *Non ho mai cessato di amarti, anche quando ingiustamente mi offendevi.*

- *Hai ragione, mettiamo da parte i nostri risentimenti, e lasciamo parlare soltanto i nostri sentimenti: e i miei, nei tuoi confronti, sono rimasti immutati.*

- *Dimenticarti? Impossibile, non mi sono mai rassegnato/a all'idea di perderti.*

- *Sono talmente felice che non so nemmeno io se ridere o piangere.*

- *Mi credevo affettivamente autosufficiente: ma quando te ne sei andato/a mi sono accorto/a di essere rimasto/a senza risorse: poiché tu sei le mie risorse.*

- *Le tue parole mi hanno convinto/a: sono quelle che aspettavo di sentirmi dire.*

- *Sì, forse sei stato un po' ingiusto/a nei miei confronti: ma che importanza ha ora che sei tornato/a da me?*

- *Mi chiedi scusa per ciò che mi hai detto. Sei scusato: l'amore capisce, tollera, perdona.*

- *Quello che è successo, è successo: mettiamoci una pietra sopra. Guardiamo avanti, tenendoci per mano.*

- *È soltanto sentendoti solo/a e disperato/a che ho capito che, nonostante tutto, mi ami.*

- *Mi serve la tua fedeltà, ma ciò di cui non posso fare a meno sono la lealtà e la sincerità. Ricordatelo. Anzi, ricordiamocelo.*

RISPOSTE NEGATIVE O EVASIVE

- *Mi avevi chiesto di dimenticarti: mentirei se ti dicessi di esserci riuscito/a. Ma, francamente, non saprei dirti con precisione se a tenerti ancora in piedi dentro di me sia più l'amore o il rancore.*

- *Mi hai ferito/a, ancora sanguino: che cosa vuoi?*

- *L'idea di ricominciare da capo mi fa paura perché vivrei sempre con la paura di perderti. Non saprei dirti che cosa voglio; so con precisione ciò che* non *voglio: soffrire.*

- *Mi proponi di riannodare questa nostra tribolata relazione: lasciami il tempo sufficiente per pensarci. Lasciamo prima decantare sentimenti... e risentimenti.*

- *Sono stanco/a e disincantato/a: non saprei, e forse non potrei, darti quello che ti aspetti da me.*

- *Te ne sei andato/a, mi hai lasciato/a solo/a. Ti ho invano atteso/a, alla fine ho deciso di dimenticarti. Avevo il diritto di vivere e il dovere di farlo.*

- *Temo che sia tardi: ho conosciuto un/a ragazzo/a che s'interessa a me. Come andrà a finire, non lo so. So soltanto che questo tipo di rapporto mi piace.*

- *Ti prego, lasciami in pace: ora sono sereno/a, tranquillo/a, riconciliato/a con la vita; in questo momento ciò che desidero non è la felicità ma la serenità.*

Fidanzamenti e matrimoni

FIDANZARSI OGGI

Carlo e Mariagrazia sono due ragazzi. Si frequentano, si telefonano, qualche volta persino si scrivono. Si vogliono bene. Coltivano una relazione sentimentale che dura ormai da due anni e decidono di fidanzarsi ufficialmente.
Un tempo il cosiddetto fidanzamento ufficiale comportava un rituale, per la verità, abbastanza complicato: rituale tuttora vigente, anche se strettamente limitato a famiglie vip di solida fede tradizionalista. Prima della cerimonia c'erano alcuni adempimenti da assolvere: la conversazione informale tra il futuro genero e il padre della ragazza, una cena o colazione delle due famiglie che in quell'occasione avevano modo di conoscersi ufficialmente; da parte sua, la ragazza, cioè la futura nuora, doveva recarsi – sempre ufficialmente – in visita alla futura suocera.
Esauriti questi preliminari (con variazioni sul cerimoniale a seconda dei casi), si dava un ricevimento nel corso del quale il fidanzato regalava alla fidanzata l'anello (l'anello di fidanzamento, appunto), in attesa di quell'altro anello, la fede, che verrà con il matrimonio.
Oggi le cose sono un po' cambiate, specialmente per quanto riguarda i cosiddetti preliminari. Si saltano, di solito con disinvoltura, le visite formali: quella per esempio del

futuro genero che si reca a colloquio con il futuro suocero, e quella della futura nuora che si reca a incontrare la futura suocera, per dirsi che cosa? Future suocere e future nuore già da tempo si annusano, si conoscono: è da quel dì infatti che lei bazzica la famiglia di lui, dove è di casa e dove è conosciuta come la «sua» ragazza (sua, cioè del figlio). Ed è pure da quel dì che i familiari di lei conoscono lui come il «suo» ragazzo (suo, cioè della figlia).
Per contro vige tuttora la consuetudine – seguita da buona parte delle famiglie – di ufficializzare il rapporto tra i due ragazzi con un pranzo in casa, o al ristorante, o con un semplice rinfresco, con invitati scelti tra i parenti più stretti e gli amici più cari. A questo punto scatta il problema degli inviti: per telefono o per iscritto?
Dipenderà dal tono con cui si vuole celebrare l'avvenimento. Se in tono, come dire?, un po' sommesso e familiare, allora basterà fare alcune telefonate: «Sai, abbiamo deciso, Marina e io, di offrire un rinfresco ad amici e parenti per ufficializzare il nostro fidanzamento: vuoi essere dei nostri? Ci faresti un grande piacere, oltre che un grande onore». Più o meno il tono dovrebbe essere questo. Se invece si vuole celebrare l'avvenimento in tono più solenne, allora l'invito scritto è quasi d'obbligo. Esempio di biglietto scritto a mano, meglio ancora se fatto stampare:

Enrico e Marina
hanno il piacere di invitarti al rinfresco
che avrà luogo il giorno ... alle ore ...,
presso il ristorante ... (indirizzo preciso),
in occasione del loro fidanzamento ufficiale

Oppure, in tono più asciutto:

> *Enrico e Marina*
> *in casa Rosselli,*
> *per festeggiare il loro fidanzamento ufficiale,*
> *il giorno ... alle ore ...*
>
> (Indirizzo casa Rosselli)

Oppure, in tono più personale:

> *Enrico e Marina*
> *hanno deciso di fidanzarsi ufficialmente,*
> *e per festeggiare l'avvenimento ti invitano,*
> *con altri amici e parenti,*
> *al rinfresco che avrà luogo*
> *il giorno ..., alle ore ..., presso il ristorante ...*
>
> (Indirizzo preciso)

Non è vietato, volendo, mettere il tutto in chiave spiritosa:

> *Enrico e Marina*
> *hanno deciso di legarsi ufficialmente*
> *davanti ad amici e parenti.*
> *Ti invitano*
> *ad assistere alla celebrazione del primo nodo*
> *– fidanzamento ufficiale –*
> *che avrà luogo il giorno ..., alle ore ...,*
> *presso il ristorante ...*
>
> (Indirizzo preciso)

Alcuni imprevisti: che cosa dire per esempio all'amico invitato che ci fa sapere per telefono di trovarsi nell'impossibilità materiale di partecipare alla festa? «Sei giustificato, caro Eugenio; certo, mi dispiace, e molto, che tu non possa essere con noi il giorno 15: è un giorno importante per me, e non ti nascondo che ci tenevo a essere circondato da tutti coloro a cui sono legato, a cominciare da te.
Pazienza, vorrà dire che ti considereremo, Marina e io, idealmente presente».
E che cosa rispondere all'amica lontana che per telefono si felicita scusandosi per non poter essere presente al rinfresco? La si ringrazia, innanzitutto, esprimendo il desiderio di vederla al più presto possibile per raccontarle per filo e per segno come si è arrivati alla decisione di ufficializzare il rapporto sentimentale.

RICHIESTA A UN SACERDOTE DI CELEBRARE LE NOZZE

Nel caso in cui tra i futuri sposi e il sacerdote che celebrerà le nozze vi fosse un rapporto amichevole basterà una telefonata:
«Caro don Sergio, tu sei già al corrente delle nostre intenzioni, quelle di sposarci in autunno, e sai anche qual è il nostro desiderio: che sia tu a benedire la nostra unione. A noi andrebbe bene l'ultimo sabato del mese di ottobre. Dunque, pensaci su, fai i tuoi conti, regola i tuoi impegni e vedi, se possibile, di darci una conferma entro la prossima settimana».
Viceversa, se è improntato a rispetto, ma non confidenziale, è consigliabile inoltrare per lettera una vera e propria richiesta mantenendo nel tono un cortese distacco.
Più o meno il testo potrebbe essere il seguente:

Molto reverendo padre,
pensiamo che Lei sia già stato informato dai nostri genitori della nostra intenzione di sposarci, precisamente entro un paio di mesi. È un momento, questo, molto importante per noi, ed è per questa ragione che vorremmo solennizzarlo in chiave religiosa. Di qui il nostro desiderio: che fosse Lei a celebrare la cerimonia religiosa e a benedire la nostra unione. Le chiediamo, molto reverendo padre, se Lei può farlo. Le saremmo grati se potesse farci sapere il giorno in cui Lei sarebbe più comodo, per essere in grado a nostra volta di fissare un programma.
Restiamo nell'attesa di Sue notizie e con l'occasione Le inviamo i nostri più affettuosi e deferenti saluti.

MATRIMONIO: LE PARTECIPAZIONI

All'invio delle partecipazioni si dovrebbe pensare un mese circa prima del matrimonio. La lista di coloro ai quali dovrà essere comunicata la notizia (data, ora e luogo della cerimonia) va preparata accuratamente. All'opera collaborano le due famiglie insieme con gli sposi. Dopodiché ci si rivolgerà a un tipografo di fiducia per la stesura delle partecipazioni. Quale tipo?
Consigliabile la formula classica: a sinistra i genitori della sposa partecipano il matrimonio della figlia, a destra i genitori dello sposo partecipano il matrimonio del figlio.
Un particolare da non dimenticare: la busta dovrà essere tassativamente scritta a mano. Quanto a titoli e onorificenze (lo sposo potrebbe essere laureato, il padre della sposa potrebbe essere cavaliere o commendatore): li mettiamo? Lasciamo la decisione alla sensibilità di ognuno.

Modello classico di partecipazione:

XY	*AZ*
(genitori della sposa)	*(genitori dello sposo)*
annunciano le nozze	*annunciano le nozze*
della figlia	*del figlio ....*
con	*con*
(nome dello sposo)	*(nome della sposa)*

luogo e data

chiesa

ore ....

indirizzo della sposa	*indirizzo dello sposo*

indirizzo degli sposi

Naturalmente in caso di matrimonio civile non sarà indicata la chiesa, ma il comune presso il quale il sindaco, o chi per lui, unirà i due promessi sposi.
La partecipazione può essere fatta direttamente dagli sposi. Vediamone un esempio nella pagina seguente.

Aldo Sereni *Beatrice Neri*

annunciano il loro matrimonio.

La cerimonia avrà luogo il 15 novembre 19... nella
Chiesa dei SS Apostoli Pietro e Paolo,
Corso di Porta Romana, 3
alle ore 11,30

Indirizzo sposo	Indirizzo nuovo	Indirizzo sposa

Oppure:

La cerimonia avrà luogo al Comune di Milano,
via Restelli, 5, alle ore 11,30.

Quanto sopra, per ciò che riguarda la partecipazione (la quale, è ovvio, sarà inviata a parenti e amici).
E l'invito? Ebbene, se si vuole estendere l'invito al rinfresco, si unisce alla partecipazione un cartoncino così stampato:

Dopo la cerimonia
Aldo e Beatrice
saranno lieti di salutare
parenti e amici
al ristorante «Le tre rose».

Naturalmente va trascritto l'indirizzo del ristorante per gli invitati che vengono da fuori e che possono non essere pratici del posto; sarà bene aggiungere all'invito la sigla R.S.V.P., ossia «Répondez s'il vous plaît», rispondete per favore; che, detto alla buona, significa: fateci sapere per piacere se venite perché si possa dare al ristorante il numero preciso degli invitati.
Chi ha ricevuto l'invito è tenuto (si fa per dire) a mandare un regalo (sia pur piccolo, dei fiori per esempio). Se l'invito non c'è basta un telegramma di felicitazioni.

ADDIO AL CELIBATO, ADDIO AL NUBILATO

C'era una volta... E c'è tuttora, sia pure non come una volta, la simpatica consuetudine di dare, almeno un paio di settimane prima del matrimonio, l'addio al celibato (da parte dell'uomo) o al nubilato (da parte della donna). Come dare questo addio? Con una festicciola tra amici, in

casa o nel séparé di un ristorante. Carattere della festicciola: intimo con qualche melanconica goliardata.
L'iniziativa parte di solito direttamente dall'interessato; ma può partire anche dagli amici del «condannato»: diciamo condannato tra virgolette perché lo è in modo speciale, avendo scelto spontaneamente la «galera» (fra virgolette, beninteso) del matrimonio; e poi è felice della condanna che lo attende.
Gli inviti? Alla buona: per telefono o di persona: «Mi sposo, ma prima desidero salutare i miei amici più cari a casa (oppure al ristorante) il 30 ottobre, alle ore 21, insieme ai quali darò l'addio al celibato: sottinteso che sei invitato».
Se vuole solennizzare l'avvenimento l'interessato invierà inviti ufficiali stampati (ma nulla vieta che siano scritti a macchina o anche a mano). Questi inviti potranno essere redatti in modi diversi. In tono impersonale:

Aldo Sereni
In casa per festeggiare il suo addio al celibato il giorno
30 ottobre alle ore 21
Varese, via F. Baracca, 8

In tono meno impersonale:

L'amico Aldo Sereni t'invita in casa (o al ristorante...) *per il giorno 30 ottobre, alle ore 21 per festeggiarlo nel momento in cui ha deciso di dare addio al celibato.*

In tono ironico:

Aldo Sereni è felice di comunicarti la triste notizia: chiude con il celibato. Sei invitato alle esequie che avranno luogo al ristorante... il giorno 30 ottobre alle ore 21. Piangeremo divertendoci un mondo.

In tono burocratico un po' distaccato:

Il 30 ottobre, alle ore 21, presso il ristorante ... avrà luogo una cena d'addio al celibato nel corso della quale Aldo Sereni saluterà amici e conoscenti.

TELEGRAMMI DI FELICITAZIONI E AUGURI

Abbiamo detto che chi, oltre alla partecipazione, riceve anche l'invito è tenuto, se non altro moralmente, a fare un regalo agli sposi. Per chi riceve invece soltanto la partecipazione, basta un telegramma di felicitazioni e auguri. Diamo qui sotto alcuni facsimili di telegrammi: dai più formali ai più personali.

- *Auguri vivissimi Marisa Alberto* (oppure: Marisa Alberto inviano auguri vivissimi).

- *Vivissime felicitazioni et fervidi auguri Marisa Alberto* (oppure: Marisa Alberto inviano vivissime felicitazioni et fervidi auguri).

- *Felicitazioni et auguri ogni bene Marisa Alberto* (oppure: Marisa Alberto inviano felicitazioni et auguri ogni bene).

- *Roberto et famiglia augurano tanta felicità* (oppure: auguriamo tanta felicità Roberto et famiglia).

- *Partecipiamo vostra gioia et auguriamo felicità benessere buona fortuna Carla Enrico* (oppure: Carla Enrico partecipano vostra gioia et augurano felicità benessere buona fortuna).

- *Abbracciandovi con simpatia vi auguriamo fortuna et felicità Carla Enrico* (oppure: Carla Enrico vi abbracciano con simpatia et augurano fortuna et felicità).

- *Marisa Alberto affettuosamente vicini inviano sinceri fervidi auguri* (oppure: affettuosamente vicini inviamo sinceri fervidi auguri Marisa Alberto)

- *Marisa Alberto vi abbracciano augurandovi ritrovare nella vita quanto desiderato nei sogni* (oppure: abbracciandovi auguriamo ritrovare nella vita quanto desiderato nei sogni).

- *Carla Enrico vi salutano, vi abbracciano et augurano felicità salute serenità.*

IL BIGLIETTO CHE ACCOMPAGNA IL REGALO DI NOZZE

Il testo, generalmente ridotto all'essenziale, non si discosta dalle frasi convenzionali delle felicitazioni e degli auguri per telegramma (come abbiamo visto nel precedente paragrafo).
A proposito di regali: non sarà inutile ricordare che, a eccezione di alcuni casi, i regali di nozze devono essere mandati a casa della futura sposa.
Cosa scrivere sul biglietto che accompagna il regalo di nozze? *Vivissimi auguri*, *Felicitazioni e fervidi auguri* ecc. Se si è in confidenza con gli sposi ci si può permettere qualche considerazione o allusione spiritosa: ma questo suppone – ripetiamolo – un'amicizia lunga e ben collaudata. Abbiamo regalato, per esempio, un piccolo televisore da sistemare in cucina o magari anche in camera da letto?
A Emilia e Gianni, con tanti auguri: affinché, accendendolo di tanto in tanto, vi ricordiate di noi.
Oppure: *Con tanti auguri, affinché ricordiate che siamo lì, perciò fate i bravi ragazzi.*
Abbiamo regalato, per esempio, un servizio di piatti?
A Emilia e Gianni, con tanti auguri, per il giorno che ci inviterete.

UN DISCORSETTO AGLI SPOSI...

Capita che, nel bel mezzo del pranzo (o cena) nuziale, uno degli invitati tutt'a un tratto si alzi con l'aria di voler fare un discorsetto di circostanza agli sposi.
Cosa dirà, e come? Ecco il punto. Non dimentichiamo che siamo a un pranzo nuziale (o cena, se volete); non dimentichiamo che è un giorno di festa, di gioia e di allegria: e d'al-

tra parte ci sono alcune verità che meglio risaltano se dette sorridendo. Tema d'obbligo, naturalmente, è la felicità. Su questo tema proponiamo alcune divagazioni di scrittori più o meno noti, da cui l'"oratore" potrà trarre spunto. Eccole:

• "Molti cercano la felicità nello stesso modo in cui cercano il cappello: lo hanno sempre in testa" (Nikolas Lenau, poeta austriaco).

• "Se la smettessimo una buona volta di voler essere felici a tutti i costi, ce la passeremmo abbastanza bene" (E. Wharton, scrittore inglese).

• "La felicità non è una stazione a cui si arriva, ma un modo di viaggiare"(M.L.R., sigla di un giornalista americano).

• "La felicità consiste nel non desiderare che ciò che si possiede" (Ennio Flaiano).

• "Ogni minuto che si passa in collera rappresenta sessanta secondi nei quali sarebbe stato possibile essere felici" (R. Stolz, giornalista americano).

• "Il segreto di essere infelici è d'aver il tempo di chiedersi se si è felici o no" (George Bernard Shaw, drammaturgo irlandese).

• "Le regole per difendere l'amore? Non arrendersi mai alla sciatteria fisica e intellettuale, vergognarsi di essere distratti, noiosi, ripetitivi, volgari, grossolani, terra terra" (da una rubrica di una rivista femminile italiana).

Sta bene – chiederete voi –, ma come sviluppare queste citazioni? Sono frasi-detonatore, frasi-capsula contenenti sostanze esplosive. Basta un urto, ed ecco dall'esplosione sgorgare un discorso. Per esempio, rivolgendosi direttamente ai due sposi si potrebbe dire:

Cara Claudia, caro Mario, Nikolaus Lenau, un poeta austriaco dell'Ottocento, diceva: "Molti cercano la felicità nello stesso modo in cui cercano il cappello: lo hanno sempre in testa".
Ebbene, tutti e due siete ora in questa felice condizione.
Né ora né mai avrete bisogno di cercare altrove il cappello della felicità, perché lo avete in testa, perché questo cappello della felicità siete voi stessi.
Calcatevelo bene.
Assicuratevi ogni giorno di tenerlo ben saldo sul capo.
Soprattutto, cara Claudia e caro Mario, non dimenticatevelo, poiché il giorno in cui lo dimenticherete, lo cerchereste altrove.
Allora comincerebbero i guai.
Non dovete mai stancarvi di portare questo cappello, voglio dire che non dovete mai annoiarvi del vostro amore, perciò...
Perciò fate in modo che sia sempre pulito, sempre ben assestato, sempre ben in vista, e soprattutto sempre rinnovato, al passo con il tempo e con le mode.
Ciò che non si rinnova, è destinato a morire: l'amore compreso...
Eccetera eccetera.

Altro esempio:

Cara Claudia, caro Mario: ho letto di uno scrittore inglese la seguente frase: «Se la smettessimo una buona volta di voler essere felici a tutti i costi, ce la passeremmo abbastanza bene». Che significa? Pensiamoci su. Significa che la felicità non è un sentimento che vive di conquiste e di aggressioni emotive. La felicità, la vera felicità è anche pace, quiete, e persino rinuncia. Guardatevi bene, amici miei, da quel demone che insidia la vostra pace e avvelena i vostri rapporti: parlo dell'orgoglio. Questo demone, lasciatelo strillare come vuole; non dategli retta: è lui l'insaziabile, l'incontinente, il vanitoso, il presuntuoso, l'insoddisfatto, che scalpita e che vorrebbe farvi felici a ogni costo. In realtà non voi vuole rendere felici, ma se stesso. Insomma se gli si desse meno retta e non pretendessimo di essere felici in ogni momento e a qualunque costo, tutto sommato saremmo più felici...

RINGRAZIAMENTI

I ringraziamenti sono obbligatori (meglio un biglietto che una telefonata) dopo un regalo, specialmente se regalo di nozze. Anche qui, anzi proprio qui, abbiamo a disposizione un frasario piuttosto convenzionale dal quale è difficile uscire senza rischiare di passare per stravaganti o, peggio, per esibizionisti.

- *Vi (ti) ringraziamo infinitamente per il bellissimo regalo e per gli auguri che lo hanno accompagnato.*

- *Siamo commossi per il "pensiero" che avete avuto: grazie; e grazie anche per gli auguri.*

- *Grazie di cuore per il "pensiero", non solo gentile ma anche utile.*

- *Abbiamo ricevuto il vostro (tuo) regalo: bello, utile, gradito. Grazie, amici/o, e grazie anche di averci augurato tanta felicità.*

- *Grazie per il vostro (tuo) regalo, graditissimo; grazie per gli auguri, e complimenti per aver saputo intuire i nostri desideri.*

- *Siamo commossi, e confusi, per il vostro "pensiero" e per la garbata signorilità con cui avete voluto accompagnarlo.*

Nel caso di amici, persone cioè con le quali si è in confidenza, potremmo ovviamente permetterci di uscire dal frasario convenzionale ed esprimerci in modo più personale:

- *Il tuo regalo è lì, di fronte, che mi guarda: so io che cosa mi vuol dire. Ne parleremo. Per ora, grazie.*

- *Quello che tu chiami un "pensiero" è più che un pensiero: è un pegno della tua amicizia.*

- *Il tuo regalo, come sempre, ti ha degnamente rappresentato: originale, fantasioso, personale, e, in un certo senso, imprevedibile. Ringraziarti mi sembra quasi banale.*

- *«Non c'è sorpresa più magica di quella d'essere ricordati: è il dito di Dio sulla spalla dell'uomo» (da un pensiero di Charles Morgan, scrittore inglese).*

Per concludere resterebbe soltanto da chiarire se alle felicitazioni e agli auguri inviati a mezzo telegramma da coloro che non sono stati formalmente invitati (felicitazioni e auguri non accompagnati da regalo), gli sposi siano tenuti a ringraziare. È solo una questione di cortesia. Alcune coppie vi provvedono al loro ritorno dal viaggio di nozze. Basta un biglietto da visita:

Giorgio e Federica Peri ringraziano.

NOZZE D'ARGENTO, NOZZE D'ORO

Venticinque anni dopo, per le nozze d'argento, o cinquant'anni dopo, per le nozze d'oro cosa si dice?
Innanzitutto cosa si fa. Per il venticinquesimo anniversario la tradizione vuole che anche i regali che si ricevono siano d'argento, come d'argento sono i confetti che, stando alla tradizione, dovrebbero essere distribuiti soltanto ai presenti, cioè la grande famiglia con tutte le sue ramificazioni: i figli e i figli dei figli, più eventualmente zie e zii con relative figliolanze. Più, beninteso, i regali, accompagnati dai soliti biglietti con i soliti auguri espressi con le solite frasi di circostanza.
Potrebbe esserci anche qualcosa in più: la pergamena, per esempio, firmata da tutti i presenti e letta in attesa del dolce (il pranzo ha luogo in un ristorante) dal primogenito, o da una nipotina. Il testo potrebbe essere il seguente:

I figli e le figlie
con le loro spose e i loro sposi,
i nipoti, le zie, gli zii, i cuginetti
e le cuginette,
tutti qui riuniti
si stringono affettuosamente

a NONNA MARIA *e a* NONNO GIUSEPPE

per festeggiarli nel

VENTICINQUESIMO DELLE LORO NOZZE

Esprimendo la loro devozione e il loro
affetto, augurano ai NONNI tanta serenità
e tanta salute
e danno loro appuntamento tra venticinque anni
per festeggiare insieme le loro
nozze d'oro.

Le nozze d'oro sono generalmente festeggiate nell'intimità della famiglia, data l'età avanzata degli sposi. Nozze d'oro: dunque tutto dorato. Dorati i confetti e dorati i due regali, un braccialetto a lei e lapis o altro oggetto a lui. Auguri, naturalmente. E in più felicitazioni per aver raggiunto tale traguardo.

Pronipoti, nipoti,
figli e figlie con le loro
spose e i loro sposi, zii, cugini,
cuginetti e cuginette, tutti
qui riuniti
si stringono affettuosamente
a

NONNA MARIA *e a* NONNO GIUSEPPE
nel
CINQUANTENNIO DEL LORO MATRIMONIO

Festeggiando le loro
NOZZE D'ORO

i congiunti
esprimono devozione, affetto e
felicitazioni per la loro lunga
navigazione
nella vita e augurano salute e
serenità.

Onomastici, compleanni, anniversari

ONOMASTICI

Onomastico, dal greco *ónoma* che significa «nome»: ossia il giorno nel quale si festeggia il santo di cui una persona, a noi più o meno vicina, più o meno cara, porta il nome. Diciamo subito che per l'onomastico di parenti o amici, che abitano nel nostro stesso paese o nella nostra città, e con i quali ci sono rapporti abituali, non è il caso, per fare loro gli auguri, di ricorrere ai servizi postali, cioè al biglietto. Basta una semplice telefonata: «Caro Sergio, si festeggia oggi il santo di cui tu porti il nome: dunque, amico mio, ti faccio tanti auguri di buona salute, di serenità, di benessere e, se pretendi qualcosa di più, anche di felicità». «Caro zio, mi è gradito oggi, san Domenico, di farti tanti cari auguri»; «Cara Elena, il tuo cuginetto Enrico, come puoi constatare, non ti dimentica: oggi è il tuo onomastico, perciò ti faccio tanti auguri». Condire gli auguri con un pizzico di ironia – ammesso che il destinatario sia un amico-amico – non è vietato, perciò all'amico del cuore che si chiama Antonio potremmo dire: «Caro Antonio, oggi 13 giugno si festeggia S. Antonio di Padova, perciò tanti auguri con la preghiera di farmi sapere una buona volta con precisione qualè il vero sant'Antonio che festeggi, se quello di Padova, del 13 giugno, o quello del deserto del 17 gennaio protettore degli animali; oppure se te li tieni buoni tutti e due».

Per un vecchio amico (o amica) di famiglia che abita lontano la telefonata va sempre bene; ma anche il biglietto non sarebbe male (in questo caso il biglietto sottolinea di più la ricorrenza) e ovviamente va scritto e inviato con qualche giorno di anticipo:

Caro signor Giuseppe (oppure: Cara signora Pina), venerdì è il Suo onomastico e, come sempre, desideriamo essere presenti nell'inviarLe i nostri più affettuosi auguri. È una data che, per i ricordi che La legano alla nostra famiglia, non abbiamo mai dimenticato, non dimentichiamo e non dimenticheremo mai.
Famiglia...

Come comportarsi con una persona di riguardo con la quale è bene intrattenere rapporti cordiali (il principale, il direttore dell'ufficio, l'onorevole tal dei tali, il pezzo più o meno grosso che potrebbe aiutare a sistemare il figlio ecc.)? Il biglietto è senz'altro più indicato (la telefonata accorcia indebitamente le distanze, con tutti i rischi d'interpretazione possibili: insomma sempre meglio stare sul sicuro). Testo, semplice e ridotto all'essenziale:

Egregio signor... (con tutti gli eventuali titoli), *riceva, unitamente a quelli di mia moglie (e dei figli), i miei più sinceri auguri per il giorno del Suo onomastico.*
(Segue firma)

Che cosa potrebbe dire (o scrivere) una nipote alla zia sola e lontana, in occasione del suo onomastico?

Cara zia, come vedi, anche quest'anno non mi sono scordata del tuo onomastico: auguri, cara zia, auguri di tanta felicità, serenità, benessere, e soprattutto di buona salute: tu sai il bene che ti voglio e la grande ammirazione che ho per te. Il prossimo anno, gli auguri spero di venire a farteli personalmente. Ti abbraccio.

Come dovranno comportarsi i destinatari degli auguri? A quelli fatti per telefono, il destinatario non potrà che rispondere con un ringraziamento: «Grazie per il tuo pensiero, tu sei sempre così gentile...». Agli auguri fatti a mezzo biglietto la cortesia, anche se non lo impone, suggerirebbe di rispondere con un altro biglietto o anche con una semplice telefonata, ringraziando. La zia lontana e sola potrebbe aggiungere, nel biglietto di risposta alla nipote, la propria particolare gioia nel sentirsi «ricordata così affettuosamente» dalla nipote.

COMPLEANNI

Prima di fare gli auguri di compleanno bisogna accertarsi che siano bene accetti: non a tutti piace che sia ricordata la loro età. Auguri di compleanno all'amico sta bene; al nonno sta bene; al collega, con il quale non ci sono segreti di alcun genere, sta bene; alla collega sta bene ma potrebbe anche non star troppo bene; alla persona di riguardo: beh, meglio far finta di niente e lasciar perdere. Insomma, attenzione.

Niente attenzione per quanto riguarda per esempio il nonno, solo, e forse abbandonato (si fa per dire) in una casa di riposo: gli auguri saranno graditi, anzi graditissimi. È bello sentirsi ricordati, specialmente nell'ultima stagione della vita. Biglietto di auguri al nonno:

Carissimo nonno, tra una settimana, il 15 novembre, è il tuo compleanno. Tanti auguri, carissimo nonno: che Iddio ti dia tanta serenità e tanta salute.
Non appena saranno terminate le scuole, ti verrò a trovare tutte le settimane. Ti abbraccio.

Telefonata d'auguri all'amico: «Buon compleanno, è da un po' di anni che ti faccio questo tipo di auguri; ma tu sei sempre lo stesso, com'è questa storia?»
Telefonata al collega (di tono ironico): «Ho una triste notizia da comunicarti: domani, amico mio, avrai un anno in più. Lo sapevi? Comunque, auguri».
Telefonata alla collega (con un po' d'ironia): «Buon compleanno, Luisa: sono sempre i soliti venticinque anni, o mi sbaglio?»
Biglietto che accompagna un mazzo di fiori diretto alla mamma:

Tanti cari auguri per il tuo compleanno.
Adriana Piero Fausto.

Capita che proprio Fausto compirà il mese prossimo diciott'anni: entrerà cioè nella maggiore età. L'ingresso in

questa nuova stagione della vita è solitamente festeggiato in un modo tutto particolare.
Innanzitutto Fausto dovrà diramare agli amici un invito formale: si può fare anche per telefono; ma per iscritto, cioé a mezzo di cartoncino, l'invito appare più colorito, più sottolineato. Destinatari, abbiamo detto, i coetanei. Ai quali scriverà pressappoco in questi termini:

> *Il 15 dicembre 19... Fausto Bini compie 18 anni ed entra nella maggiore età. Fausto prega gli amici cui è destinato il presente invito di voler accompagnarlo sulla soglia della nuova età a suon di pasticcini, spumante e musica varia. Appuntamento: Fausto, via Verdi 14, terzo piano, ore 20,30.*

Non è detto che la festa debba essere fatta in casa: potrebbe essere anche in un ristorante.
Comunque in entrambi i casi si può chiedere nel biglietto d'invito di confermare o meno la presenza anche per poter prevedere, sia pure in modo approssimativo, gli acquisti da fare.
Il giovane invitato sarà dunque tenuto tramite biglietto (se c'è il tempo sufficiente di farlo pervenire a destinazione) o tramite telefonata a confermare o meno la propria presenza.
Risposta affermativa (su biglietto o al telefono):

> *D'accordo, saremo, la mia ragazza e io, puntualissimi sul pianerottolo del terzo piano di via Verdi, 14, alle 20,29. Ciao.*

Risposta negativa:

Mi dispiace di non poter confermare la mia presenza perché sono inchiodato a letto da una fastidiosissima lombalgia. Sarò presente in spirito. Divertitevi.

ANNIVERSARI

L'anniversario è la ricorrenza annuale di un avvenimento. Gli avvenimenti che si festeggiano con un rinfresco, una cena o qualcosa del genere sono quelli della nascita (compleanni) e quelli, soprattutto, di matrimonio.
Vogliamo festeggiare con una certa solennità il quarto anniversario del nostro matrimonio con una cena o con un rinfresco? Prima cosa: far partire gli inviti. A questo proposito una precisazione è necessaria: se l'invito assume un tono formale il biglietto da visita è di rigore: biglietto da visita classico, cioè bianco, impersonale ed essenziale. Se si vuole ufficializzare al massimo l'invito sarà il caso allora di diramare parecchi inviti, e il biglietto da visita avrà il testo scelto già stampato. Esempio:

Umberto Grossi e Maria Gori
il 24 p.v., alle ore 21 offriranno una cena ai loro amici all'Hotel... per festeggiare il loro quarto anniversario di matrimonio.
È vivamente gradita la presenza della S.V.

Se è il caso, si può aggiungere anche che si raccomanda l'abito da sera. Come sempre, a scanso di spiacevoli sorprese, non ci si dovrà dimenticare della frase d'uso: *Si prega di confermare la presenza.*
Arriveranno senz'altro parecchie rispose affermative:

> *Ringraziamo per la Vostra cortesia: saremo molto lieti, mia moglie e io, di festeggiare con Voi, il 24 p.v., il Vostro quarto anniversario di nozze.*

Ma arriverà certamente anche qualche risposta negativa:

> *Mia moglie e io Vi ringraziamo moltissimo per l'invito fattoci e per l'alta considerazione che dimostrate nei nostri confronti; temiamo purtroppo di non poter essere presenti per il 24 p.v. a causa di impegni precedentemente fissati.*

Dopo la festa si ringrazia? In passato i ringraziamenti (con biglietto da visita indirizzato alla padrona di casa) erano d'obbligo: consuetudine che, purtroppo, oggi, sta perdendosi. Le consuetudini passano, ma la cortesia resta.

Gentilezza ed educazione sono – devono essere – al di sopra delle mode. Morale: consigliamo di inviare un biglietto di ringraziamento accompagnato, magari, da un mazzo di fiori:

Dottor Piero Busti e signora
con i più vivi ringraziamenti per l'ottima cena,
la bellissima serata e la squisita ospitalità.

*(*Indirizzo e numero telefonico*)*

Abbiamo parlato sinora di un anniversario festeggiato su invito formale.
Per un invito informale, alla buona, alla stessa festa non è tassativo l'impiego del biglietto d'invito; basta alzare la cornetta del telefono: «Cara Marina, d'accordo con Guido, domenica prossima avremmo l'intenzione di festeggiare il nostro quarto anniversario di matrimonio con una cena fredda al ristorante..., alla quale abbiamo l'intenzione di invitare i nostri più cari amici. Possiamo contare sulla tua partecipazione, con tuo marito naturalmente? Se sì: domenica prossima, ristorante..., ore 21,30». «Sì, ci puoi contare, e grazie per esserti ricordata di noi». Oppure: «Ti ringraziamo di cuore per il tuo gentile invito: ci spiace tuttavia di non poter intervenire alla cena, avendo assunto in precedenza per quel giorno un impegno che ci terrà occupati probabilmente anche per il giorno dopo».

Feste, ricevimenti e ricorrenze varie

FESTA PER UN COLLEGA CHE VA IN PENSIONE

Succede – è sempre successo e sempre succederà – che un vostro collega vada in pensione.
Lo si festeggia?
Si dovrebbe, anche se la consuetudine non è sempre rispettata per ragioni sulle quali ora, ovviamente, non è il caso di indagare.
Secondo una consuetudine, che qui diamo per certa, quando, per esempio, Giuseppe Rossi, 65 anni, 35 di servizio nella ditta, va in pensione per raggiunti limiti di età, per iniziativa corale viene organizzata una festicciola in trattoria, o in altro locale: ci saranno un bel regalino e naturalmente tanti abbracci e auguri.
Gli inviti sono superflui.
Sono stati, infatti, tutti i colleghi che spontaneamente e con entusiasmo – è da supporre – hanno preso l'iniziativa dei festeggiamenti.
Il festeggiato, a sua volta, o con un discorsetto o con un biglietto che invierà qualche giorno dopo in ditta, ringrazierà.
Come?
Più o meno con queste parole:

Carissimi colleghi e amici, dalla pensione, dove l'inflessibile legge dell'anagrafe che non guarda in faccia a nessuno, mi ha relegato, un commosso ringraziamento per l'affettuosa manifestazione con la quale avete voluto salutare il collega che, dopo 35 anni di servizio, se ne è andato a godere, come si usa dire, il meritato riposo. Trentacinque anni sono tanti: impossibile dimenticarvi. Vi abbraccio tutti, uno per uno. Vostro...

COCKTAIL TRA AMICI

Con invito formale su biglietto da visita bianco, classico:

Alberto e Viviana
vi attendono in casa sabato pomeriggio alle ore 17 per un cocktail tra amici. Si prega di confermare la presenza.

(Indirizzo e numero telefonico)

Se la data fissata per il cocktail è troppo ravvicinata, nel dubbio che la posta non faccia recapitare in tempo il vostro biglietto di conferma o meno, telefonate, innanzitutto per ringraziare dell'invito, e, con l'occasione, per confermare la vostra presenza, oppure per declinare gentilmente l'invito causa il solito impegno inderogabile.
Un invito informale (su biglietto da visita che, secondo

una consuetudine ormai consolidata, dovrebbe essere rigorosamente colorato) significa niente etichetta, niente frasari di circostanza, libertà d'espressione con licenza di invitare a ruota libera. Esempio? Eccone uno:

> *Ugo e Francesca*
> *vi attendono domenica pomeriggio 22 febbraio alle ore 17,30 per un cocktail tra amici. Si raccomanda l'abito da sera per gli adolescenti; coloro che hanno superato i 35 anni debbono presentarsi in jeans.*
>
> (Indirizzo e numero telefonico)

Eccone un altro:

> *Ugo e Francesca*
> *vi aspettano a casa loro per un cocktail tra amici. Vi raccomandano caldamente di venire a tutti i costi, se necessario anche in pigiama. Non si accettano scuse per impegni inderogabili.*
>
> (Indirizzo e numero telefonico)

C'è chi gli impegni inderogabili li ha sul serio. Che fa? Telefona e glielo dice, scherzandoci sopra magari: vedi, gli impegni avrei potuto farli slittare, il vero problema purtroppo è un altro. Quale? Che non ho il pigiama pronto: è ancora in lavatrice.

Ma l'invito informale per un cocktail tra amici può avere un altro carattere: meno scanzonato, più, come dire?, familiare. L'iniziativa può partire da uno qualsiasi; a prenderla sono per esempio i coniugi Rossi: perché, con il pretesto di un cocktail, non ritrovarsi un pomeriggio, mettiamo di sabato, con gli amici di un tempo, passare un paio d'ore con loro, stare insieme, chiacchierare, forse anche spettegolare un pochino (sempre entro certi limiti), rivangare comuni ricordi e, con l'occasione, cercare di riannodare ciò che gli impegni quotidiani allentano, cioè i rapporti?
Anche le amicizie, se non debitamente alimentate dal dialogo, sono destinate un giorno o l'altro a spegnersi. Niente biglietti. Ci si attacca al telefono e, uno alla volta, si raggiungono tutti: «Buongiorno, sono Gisella, Gisella Rossi, ah!, sei tu Maria? Ciao, Maria, innanzitutto come stai, anzi come state...». Esauriti i convenevoli, Gisella entra in argomento: «Maria, mio marito e io avremmo deciso di offrire un cocktail in casa nostra a tutti i nostri vecchi amici, il cocktail è un po' una scusa, il vero scopo sarebbe quello di riesumare un lembo del nostro passato più o meno recente, insomma di ritrovarci una volta tanto tutti insieme, e insieme rivedere, ricordare e, forse, rimpiangere i giorni che furono, e, diciamolo pure, l'età che fu e che... L'appuntamento sarebbe fissato per il pomeriggio di sabato 15 ottobre, ore 18, via degli Olmi, 24. Possiamo contare su di voi?»
Risposta affermativa: «Certo che potete contarci, e ti ringrazio anche a nome di mio marito di aver pensato a noi».
Risposta negativa: «Ci dispiace di non poter accettare il tuo invito per sabato 15 ottobre perché proprio in quel giorno cade il compleanno della madre di mio marito, e in quella occasione siamo soliti riunirci tutti, nipoti, figli e nuore, vicini alla suocera».

INVITO A UNA MOSTRA

Ossia, come si usa dire, alla francese, a un *vernissage*: cerimonia inaugurale di una mostra d'arte. Vi si accede generalmente in seguito a un invito formale da parte dell'espositore. Quindi tanti biglietti d'invito quanti sono – o si presume che siano – gli interessati a quel tipo di mostra:

Giorgio Sfotti
espone litografie e pastelli
in viale della Stazione, 22
dal 1° luglio al 5 agosto 19...
dalle 9 alle 18

Oppure:

Mino Felicetti
sarà molto lieto della Vostra partecipazione all'inaugurazione dell'esposizione di fotografie scattate durante i suoi viaggi in Estremo Oriente.
L'esposizione sarà aperta il 21 gennaio dalle 10 alle 20, in via Varesina, 8

Oppure, in forma più personale, potremmo avere un invito di questo genere:

Carlo Foglia
sarà lieto di salutarLa all'inaugurazione di una sua personale di tempere che avrà luogo il 15 maggio alle ore 10 a Palazzo Tittoni via Roma, 20

L'invito a una mostra non richiede necessariamente la conferma o meno della partecipazione, ma, redatto nei termini che abbiamo visto qui sopra, ha tutta l'aria di un invito *ad personam*: e questo potrebbe far sorgere nel destinatario qualche sottile problema psicologico. In altre parole: chi fosse nell'impossibilità di essere presente, alle ore 10 del 15 maggio, all'inaugurazione della personale del signor Carlo Foglia è tenuto a scusarsi?
La mostra non è un rinfresco o un pranzo: l'assenza di un invitato non comporta problemi di prenotazioni. Resta in piedi solo, nel caso della mostra, un problema di educazione.
Per risolverlo non c'è che un modo: scrivere, oppure telefonare al signor Carlo Foglia per dirgli di aver gradito moltissimo l'invito, ma, a causa di precedenti impegni, di non poter intervenire all'inaugurazione.
E i partecipanti? Alle 10 saranno dinanzi a palazzo Tittoni, entreranno nella sala, saluteranno l'artista, assisteranno al rituale dell'inaugurazione. A questo punto, però, attenzione: se durante, o dopo, la cerimonia ha avuto luogo un cocktail gli invitati saranno tenuti poi a ringraziare (unendo, naturalmente, ai ringraziamenti le regolamentari felicitazioni):

Aldo Bissi
si congratula vivamente per l'interessante personale di tempere da Lei allestita e, con l'occasione, ringrazia per la squisita accoglienza riservatagli.

C'è da aggiungere che quella dei ringraziamenti formali a mezzo di biglietto è una consuetudine non seguita da tutti. In occasione di mostre, ricevimenti, cocktail, party oggi si tende a ringraziare al momento del commiato.

In società

IL SALUTO: LE PRESENTAZIONI

A un ricevimento, a un cocktail, a un party, entrando in salotto, la prima cosa da fare è salutare. Innanzitutto, la padrona di casa, poi il padrone di casa e infine gli ospiti. Il saluto: «buongiorno» o «buonasera», seguito o preceduto dal vostro nome e cognome: «Buongiorno, Mario Cesi», oppure «Mario Cesi, buongiorno». *Buongiorno/Buonasera* possono essere sostituiti da *molto lieto* e tutti possono essere eliminati da un sorriso accattivante. Restano in questo caso soltanto il vostro nome e cognome.
Le presentazioni devono essere fatte comunque: quando, durante una passeggiata in compagnia di qualcuno, incontrate un amico che il vostro accompagnatore non conosce, vostro dovere, naturalmente dopo il saluto, è presentarli l'uno all'altro. La presentazione deve essere rapida, precisa, concisa: niente superlativi relativi («Il professore più in gamba», «La signora più simpatica della città»). Quanto ai titoli accademici (dottore, ingegnere, avvocato ecc.), è normale che siano citati davanti al nome e cognome (il dottor Cesare Bianchi). Per quanto riguarda invece i titoli nobiliari, essi sono da usare con discrezione, secondo il luogo, l'occasione, le persone interessate.
La presentazione deve essere introdotta da una di queste

formulette in chiave interrogativa: «Posso presentarvi?», oppure «Vi conoscete?». Dopodiché continuerete: «Giorgio, ti presento Giovanni Neri».
Rivolto al dottor Giovanni Neri: «Giorgio Lupo». Oppure: «Il professor Giorgio Lupo».
Tenere presente quanto segue:
- le presentazioni vanno fatte subito (non dovete cioè dilungarvi in chiacchiere con l'amico appena incontrato ignorando il compagno con il quale stavate passeggiando);
- l'uomo va sempre presentato per primo alla donna (e non viceversa);
- la persona, diciamo, di minor riguardo, va presentata a quella che si ritiene di maggior riguardo;
- idem per il più giovane, che dovrà essere presentato al più anziano;
- chiarezza nel pronunciare i cognomi (storpiandoli potreste urtare la suscettibilità di chi presentate).

Una volta che le due persone siano state presentate, esse si stringeranno la mano. Ovviamente, prima di stringersi la mano, si toglieranno i guanti e il cappello.
Se la presentazione avviene in un salotto l'uomo che è seduto dovrà alzarsi anche se la persona che gli viene presentata è un altro uomo. La donna invece resterà seduta, a meno che la persona introdotta non sia anziana.
Supponiamo di trovarci ora a una festa alla quale sono state invitate persone appartenenti più o meno allo stesso rango sociale: in questo caso è consigliabile evitare titoli professionali limitandosi per tutti al rispettivo nome e cognome. In una festa di giovani, il rituale di cui sopra cade praticamente a pezzi. Se nessuno vi presenta – cosa abbastanza comune e per niente scandalosa – vi presenterete da soli, sportivamente: «Ciao a tutti! Io sono Enrico!»

DURANTE LE PRESENTAZIONI

Che cosa dire? L'essenziale, naturalmente!
Direte semplicemente il vostro nome e cognome, al quale potrete aggiungere *buongiorno* o *buonasera* oppure *molto lieto/a.*
Che cosa non dire piuttosto: ecco il punto. Non dovete dire frasi come:
«Ah, lei è il signor Pelli? Ho sentito spesso parlare di lei, chissà perché, me l'immaginavo più magro...»
Una considerazione assolutamente fuori posto, specialmente in questo momento.
Oppure:
«Quello che piace soprattutto in lei è la sua cravatta...»
Altra considerazione fuori posto, come dire: ciò che lei ha veramente d'interessante è la sua cravatta, questo è tutto; considerazione che, oltre che fuori posto, è anche offensiva.
O ancora:
«Lei è una faccia che mi pare di conoscere: non è forse un parente dei...»
Parole che, oltre che un po' volgari, sono inopportune in quanto obbligano l'interlocutore a sottostare a una specie di interrogatorio e a scendere in dettagli personali).
O parlando a una signora:
«Mi sembra di averla vista ieri sera al cinema con un mio amico...».
L'inopportunità di una espressione del genere non ha bisogno di essere spiegata.
Per concludere, in sede di presentazioni bisogna serbare la massima discrezione, controllare severamente certe spontanee – e, aggiungiamo, infelici – uscite. Insomma mantenere le frasi di circostanza su un piano puramente formale e impersonale.

COME AVVIARE UNA CONVERSAZIONE

Un inconveniente dei ricevimenti e delle feste in generale (per non parlare dei viaggi in treno), è che spesso ci capita di essere costretti a conversare con persone mai viste e mai conosciute prima d'ora, per entrare in contatto con le quali si pone il problema di trovare l'esatta lunghezza d'onda. Certo, di fronte al problema dell'effetto serra o della fame nel mondo o del pericolo di guerra, quello di trovare la giusta lunghezza d'onda per entrare in comunicazione con qualcuno di cui non sappiamo nulla e che magari avremo poche probabilità di reincontrare è davvero poca cosa. Difficoltà numero uno: da dove e come cominciare. Poiché cominciare si dovrà pure, in un modo o nell'altro, non si può stare uno di fronte all'altro senza spiccicar parola. Come e da dove cominciare, dunque? Dal futile, da tutto ciò che è marginale, superfluo, magari banale, risaputo, ovvio. Inopportuno, e fuori posto, porre subito come oggetto di conversazione la questione del Golfo, o il problema delle etnie, o Gorbaciov, o il deficit del bilancio, o l'appuntamento con l'Europa del 1992, o l'inflazione, o la democrazia, o la libertà, o la politica. Lasciate perdere questi temi impegnativi, o comunque non fatene un punto di partenza, ma, caso mai, d'arrivo. Esempio (estraendo dal taschino un pacchetto di sigarette e nell'atto di offrirne una alla persona accanto): «Lei fuma?». «No, grazie». «Beato lei». «Beato in che senso?». «Nel senso che non ha questo vizio, o perlomeno se lo è tolto». «È vero, me lo sono tolto e non le dico quanto mi sia costato». «Io purtroppo non ci sono riuscito, per quanto abbia provato già due volte». «È soltanto una questione di volontà, caro signore». «Lo so, ma se uno la volontà non ce l'ha, chi gliela dà?». «Chi gliela dà? lo Stato, cioè la legge: articolo numero uno, a partire dal 1° gennaio è proibita su tutto il territo-

rio della repubblica la vendita al pubblico delle sigarette». «D'accordo, ma la libertà va a farsi benedire». «La libertà? Ma che cos'è la libertà?»
Ed ecco avviato un bel discorso su uno dei più grandi temi, quello della libertà. E così, partendo dalla sigaretta siamo arrivati alla libertà.
Dicevamo di partire da un dettaglio, da un fatto marginale. E quali possono essere questi dettagli, questi fatti marginali? Il tempo, per esempio: «Che tempo meraviglioso!» (per arrivare magari all'effetto-serra o al problema della siccità). Il sole, per esempio: «Che sole» (per arrivare magari al problema dei raggi nocivi e magari anche agli abbronzanti e, perché no?, ai tumori della pelle).
Altro dettaglio di partenza: un quadro appeso alla parete «Che bella natura morta!» (per arrivare magari agli impressionisti francesi, agli espressionisti tedeschi, e, perché no dato che ci siamo?, a Picasso, a Modigliani ecc.).
Certo, di fronte a una signora l'avvio di una conversazione è facilitato: il complimento è in un certo senso d'obbligo, e non c'è che da ricorrervi, ma attenzione...

I COMPLIMENTI

Attenzione! Galanteria sì, ma nei limiti giusti, cioè senza eccedere: si può rischiare di cadere nel volgare, per non dire nel ridicolo.
Quali sono dunque i complimenti giusti? Innanzitutto quelli credibili. In altre parole: a una signora che non è bellissima – e lo sa – è controproducente – e diremmo da maleducati – insistere sulla sua bellezza, che visibilmente non esiste; o sulla sua intelligenza, di cui non si hanno prove; o sulla sua abilità davanti ai fornelli, anche questa tutta da dimostrare.

Complimenti di tal genere suonano eccessivamente ossequiosi, quindi falsi. Il complimento, per essere accettabile e perciò credibile, deve puntare a ciò che la signora ha di piacevole: gli occhi per esempio, i capelli, il modo di camminare, di vestire e di scegliere i colori più appropriati alla sua personalità.
È a questo punto che il complimento non solo diventa credibile, ma anche, come si dice oggi, personalizzato.
Evitare dunque i complimenti di circostanza, palesemente falsi, ma anche i complimenti eccessivamente sinceri. Adulare? Sì, ma con grazia, diciamo con buon gusto e soprattutto con moderazione. Una franchezza eccessiva rischia di essere brutale; così, per esempio: «Signorina, lei ha dei capelli bellissimi, si tinge?», «Signorina, i suoi denti sono bellissimi, sono finti?», «Signorina mia, ma come si pettina male!». Sono frasi che, nell'esordio di una conversazione, bisogna assolutamente cancellare.
E per gli uomini? Idem: niente superlativi indiscriminati («Ho sentito parlare di lei come di una persona molto efficiente, efficientissima»); caso mai ci si servirà di superlativi personalizzati («Ho sentito parlare di lei come di una persona tra le più efficienti nel coordinamento dei servizi aziendali»). Per il resto, fair play, come con le signore e le signorine: cioè cavalleria e cortesia, un contegno in cui la doverosa sincerità sia temperata da quel pizzico di dissimulazione che possa cancellare ogni attrito.

LA CONVERSAZIONE

Per tenere un atteggiamento giusto e corretto nella conversazione non è tanto importante sapere che cosa bisogna dire quanto sapere cosa *non* bisogna dire, né fare.
Elenchiamoli, questi *non bisogna*:

1. Non fare troppe domande, specialmente di carattere personale, al signore o alla signora con cui conversiamo: non trasformiamo la conversazione in un interrogatorio («Lei che mestiere fa?», «Quanto guadagna?», «Pensa di far carriera?», «Lei ha l'amica?», «Che tipo è?» ecc.). Limitarsi alle domande essenziali alla comprensione del discorso, per dimostrare che lo seguiamo con interesse senza eccedere.

2. Non eccedere in citazioni («Come diceva Montaigne», «Come diceva Pascal», «Come sosteneva Einstein», e via di questo passo) a ogni piè sospinto: una, due; tre sono già troppe, possono dare l'impressione, a chi ci ascolta, che si voglia ostentare una grande cultura – il che non fa mai piacere, come ogni forma di ostentazione.

3. Non pretendere di fare dello spirito in ogni momento, in ogni circostanza: una battuta spiritosa bene, due vanno ancora bene; tre cominciano a essere di troppo. Chi vuole essere spiritoso a ogni costo, rischia di diventare semplicemente noioso.

4. Non restare impantanati in un solo tema. In altre parole, a tavola o al piano bar, o a un ricevimento, non condizionare la conversazione alla professione che si esercita; se lavorate in un autosalone, per esempio, non pretendete di bloccare la conversazione soltanto sulle auto; se siete impiegato in banca, non pretendete di continuare a parlare di tassi, di finanza ecc.

5. Non prendere troppo sul serio ciò che si dice a tavola, al piano bar ecc. La conversazione non è una dissertazione su un tema: un po' di spirito – ma senza esagerare – ci vuole.

6. Non contraddire in continuazione ciò che il commensale di fronte o accanto dice; o, peggio ancora, non fare inutilmente polemiche: accettare le opinioni degli altri, salvo poi pacatamente confutarle. La polemica strozza o fa degenerare la conversazione, che deve invece essere rapida, scorrevole e intelligentemente leggera.
7. Astenersi dall'esprimere giudizi sbrigativamente negativi sugli invitati («Però, che brutte facce»), sul dolce o sul liquore offerti («Che schifezza!») ecc.
8. Non interrompere chi sta parlando: lasciate che termini, poi direte la vostra; peggio ancora, non sovrapponetevi con la vostra voce alla sua.
9. Non parlare troppo di se stessi: «Il segreto per essere noiosi è raccontare tutto», diceva Voltaire.
10. Non monopolizzare la conversazione, non pretendere di essere i soli a parlare: lasciare spazio anche agli altri. È anche una questione di educazione.
11. Non sbadigliare mentre gli altri parlano e non uscire, nel bel mezzo della conversazione, con frasi come questa: «Che noia, perché non ce ne andiamo a far quattro passi fuori?».
    Riassumendo le regole che abbiamo indicato, noterete che tutte quante fanno capo a un solo principio: quello dell'educazione.

IL COMMIATO

Prendere commiato con la frase giusta non è facile. Il commiato deve essere tempestivo, opportuno, deciso e nello stesso tempo – ciò che è più difficile – cortese. Tempestivo

e opportuno: cioè nel momento giusto. Deciso: se si decide di andarsene bisogna andarsene, e non continuare a decidere restando sprofondati sul divano. Il preavviso è necessario, ma deve essere seguito poco dopo dai fatti.
Cosa dire al momento del commiato? Se si è a un ricevimento tendendo la mano prima alla padrona e poi al padrone di casa:
«È stata veramente una magnifica serata, ma purtroppo dobbiamo rientrare. Grazie di tutto, e complimenti».
Oppure:
«Signora Giulia, signor Giorgio, dobbiamo purtroppo congedarci: siamo attesi a casa dalla nostra baby sitter, che a mezzanotte deve andarsene».
Oppure:
«Sono stato veramente bene con voi, siete anfitrioni squisiti, ma purtroppo il dovere mi chiama: domattina dovrò alzarmi molto presto. Signora Giulia, signor Giorgio: i miei ringraziamenti e miei ossequi».
Insomma frasi del genere, improntate alla cortesia, alle buone maniere e, in una parola, alla buona educazione. La quale buona educazione probabilmente è davvero, come scriveva il filosofo tedesco Arthur Schopenhauer, «come un cuscino d'aria: non c'è dentro niente, ma attutisce gli urti della vita». E dite poco?
Abbiamo visto per sommi capi cosa dire al commiato. Vediamo ora cosa *non* bisogna dire. Non bisogna dire frasi di questo genere:
«Signora Giulia, non vedo l'ora di rientrare a casa per farmi una limonata, credo che mi sia rimasto sullo stomaco quella specie di dolce, non so nemmeno come si chiama...»
Oppure:
«Sì, d'accordo, è stata una bella serata, ma sarebbe stata ancora più bella se non ci fossero state quelle due befane...»

Ma neanche:
«Sì, io mi sono divertito, ma mia moglie non ha fatto che sbadigliare...»
E nemmeno:
«Signora Giulia, signor Giorgio, Vi ringrazio dell'invito e dell'ospitalità anche se, debbo essere sincero, mi sono annoiato a morte a causa di quei quattro rodomonti che con le loro fanfaronate hanno finito per ipotecare la serata...»
Certo, bisogna essere sinceri, ma anche la franchezza ha i suoi momenti e le sue sedi. E quando si prende commiato da un ricevimento non è né il momento né il luogo adatto per commenti troppo severi, tanto più che si potrebbe urtare, direttamente o indirettamente, la suscettibilità dei padroni di casa.

ACCOMIATARSI AL TELEFONO

Il signor Rossi telefona al signor Alberti, amministratore del condominio dello stabile. Desidera avere alcune precisazioni sull'orario entro il quale i bambini possono giocare nel cortile del palazzo. L'amministratore dà le informazioni richieste, poi divaga su problemi di carattere generale.
Il signor Rossi vorrebbe congedarsi: le informazioni che voleva le ha avute, il resto non gli interessa. Ma come accomiatarsi senza offendere il suo interlocutore, dimostratosi peraltro così disponibile? Potrebbe approfittare di una pausa: «Signor Alberti, lei è stato molto gentile, ma non vorrei approfittare di questa sua gentilezza, e soprattutto non vorrei farle perdere altro tempo, la ringrazio sentitamente e la saluto».
Nel caso opposto: il signor Alberti, inquilino del palazzo, telefona al signor Rossi, amministratore, per sapere come stanno le cose riguardo all'orario dei giochi dei bambini. Il

signor Rossi dà informazioni precise che però non accontentano il signor Alberti, il quale divaga, diventa polemico, insomma non la finisce più.

L'amministratore non ha tempo, e nemmeno voglia, di seguire il suo interlocutore: «Signor Alberti, purtroppo non posso dilungarmi oltre, ho un appuntamento; mi rincresce, ma ora debbo salutarla; vorrà dire che ne riparleremo. Arrivederla, signor Alberti».

Un modo per agevolare il commiato, per uscire da una conversazione che rischia di continuare all'infinito, è intercalare, interporre, frapporre, tra un discorso che si è esaurito da una parte e un altro che potrebbe incominciare dall'altra parte, esclamazioni come: «Bene!», «Va bene!». Se necessario, ripetuto. È un segnale: non c'è più niente da dire, dunque chiudiamo il discorso.

Ciò che non si deve fare è interrompere di colpo, bruscamente, la telefonata, senza preavviso o addirittura senza nemmeno salutare.

Fra parenti e amici, certo, tutto è più semplice: la confidenza, sollevandoci da certe formalità, facilita le cose: «Adesso ti saluto, amico, sono già in ritardo, e devo ancora farmi la barba». «Scusami se ti lascio, ma devo proprio andare, non vorrei arrivare tardi in ufficio». «Maria, ti saluto, hanno suonato alla porta, ti richiamerò io».

PARTE SECONDA
LE OCCASIONI UTILI

Disbrigo di pratiche e ringraziamenti

RICHIESTA DI INTERESSAMENTO

Chi chiede un favore – mettiamo il disbrigo di una pratica pensionistica – per inoltrare la richiesta seguirà le vie solite: la lettera, il biglietto, la telefonata. Il tono con cui si inoltra la richiesta deve rispecchiare quello dei rapporti personali già esistenti tra il richiedente e il destinatario dalla richiesta. Se questi rapporti sono confidenziali (in altri termini, se la persona cui si chiede il favore è un amico) non ci sono problemi seri di strategia espressiva: si fa presente il caso con parole semplici, si chiede all'amico quello che è possibile fare nell'ambito delle sue competenze e possibilità, si sottolinea il lato umano della questione, si ringrazia anticipatamente e si saluta. Insomma, pane al pane e vino al vino.

Quanto ai canali, in questo caso la telefonata è più immediata ed efficace:

«Caro Gino, avrei un problema che mi sta a cuore e ti sarei grato, tu che sei nell'ambiente e ci lavori, se mi volessi dare una mano a risolverlo. Si tratta di questo: c'è un vecchietto, nel caseggiato dove abito io, che è disperato; è da più di tre mesi in pensione, sta per esaurire la riserva che aveva messo da parte; in più è solo e malfermo in salute. La sua pratica è la seguente... Vedi se puoi fare qualcosa, sollecitare l'ufficio competente per fargli avere questa benedetta pensione, il necessario per sopravvivere. Ti ringrazio e ti saluto».

Se però ci si rivolge a qualcuno con cui si è in rapporti buoni, ma formali, e se costui, nell'ufficio delle pensioni in cui lavora, è in una posizione di responsabilità, il tono ovviamente sarà più distaccato, in un certo senso più burocratico.
Per quanto riguarda i canali della comunicazione: la telefonata è fatta di parole, e le parole, come dicevano i latini, *volant*, volano, mentre *scripta manent*, ciò che è scritto rimane.
In questo caso, se non altro per mantenere quel distacco imposto dal genere di rapporto che s'è detto, è consigliabile scrivere un biglietto (o, se si vuole, anche una lettera, purché breve):

> *Caro Rossi, mi scuserai se, approfittando della tua amicizia ma soprattutto della disponibilità che hai sempre dimostrato nei confronti del prossimo, ti segnalo un caso umano penoso: trattasi di un vecchietto, tale Giuseppe Brambilla, solo e in malferma salute, la cui sopravvivenza è legata alla concessione della pensione di vecchiaia per la quale ha fatto domanda oltre tre mesi fa. Gli estremi della sua pratica sono i seguenti... Potresti dare un'occhiata alla pratica per vedere se la documentazione è in regola? Ti ringrazio e invio a te e a tua moglie i miei più cordiali saluti.*

LETTERA DI RINGRAZIAMENTO

Egregio signor Turi,
sono Giuseppe Brambilla di Milano, la persona per la quale Lei si è gentilmente interessata perché mi venisse concessa la pensione di vecchiaia.
Ebbene, signor Turi, sento il dovere di informarLa che oggi stesso mi è arrivata la prima rata di quella benedetta e tanto attesa pensione. Ora posso dire di essere finalmente tranquillo.
Questa raggiunta tranquillità la devo a Lei, signor Turi: al Suo interessamento, ma soprattutto alla Sua sensibilità.
La prego di scusarmi, signor Turi, se non riesco a trovare le parole adatte per esprimerLe tutta la mia riconoscenza.
Sono sicuro che Lei capirà i miei sentimenti. La pensione, per quanto modesta, è per me l'unica fonte di reddito e poter goderne significa riuscire a sopravvivere.
Niente di più, ma mi basta: alla mia età e nelle mie condizioni ciò che si chiede non è di vivere, ma di sopravvivere.
In una società come la nostra, così generosa e solidale a parole ma così indifferente ed egoista nei fatti, la presenza di persone come Lei ci aiuta a sperare in qualcosa di ancora buono negli uomini.
Grazie ancora, signor Turi, e La prego di gradire i miei più deferenti e cordiali saluti.

Lo stesso contenuto in un biglietto:

Egregio signor Turi,
Le comunico che finalmente mi è arrivata la pensione per la quale Lei, signor Turi, si era gentilmente interessato. ComunicandoLe la bella notizia, vorrei trovare la parola giusta per esprimerLe la mia gratitudine: grazie, signor Turi, grazie. È una parola antica, questa: ma c'è dentro tutto il mio cuore.

Se si vuole ringraziare per telefono non c'è che da ripetere quanto detto nel biglietto.

RICHIESTA DI NOTIZIE SU UNA PRATICA AL MINISTERO

Si sa che le pratiche, specie quelle ministeriali, dormono lunghi sonni, anzi giacciono; e chi vive, anche questo è noto, non sa darsi pace. Per riacquistare un po' di questa pace perduta non resta all'interessato che una soluzione: munirsi di biglietto di un treno intercity o di aereo, armarsi di santa pazienza e andare a Roma, a meno che... A meno che qualcuno in famiglia tutt'a un tratto ricordi di avere un cugino nella capitale, un cugino di cui si erano perse le notizie, ma – per fortuna – non l'indirizzo. Allora che si fa? Scriviamo. Ma no, telefoniamo. Telefonare? È una parola: come cominciare il discorso? Dopo l'esame di tutti i pro e i contro si arriva a una conclusione; e la conclusione è la lettera.
È una lettera difficile e imbarazzante quella che si deve scrivere. Al destinatario essa non dovrà dare l'impressione che il mittente abbia riscoperto il cugino perché serve, ma

caso mai il contrario, che cioè la pratica al ministero senza volerlo gli ha fatto riscoprire il vecchio cugino, di cui si erano perse le tracce, e allora sia benedetta quella pratica. Insomma bisogna fare acrobazie dialettiche: ma la vita non è forse tutta una sola grande acrobazia?

Caro Piero,
chi ti scrive è Gianni, Gianni Fedeli di Milano, tuo cugino: anzi, tuo primo cugino. Ti chiederai, forse un po' sorpreso, come mai questa mia improvvisa «visita» sia pure di carattere epistolare. Te lo spiego subito: più d'una volta, mia moglie e io abbiamo cercato di raggiungerti lì a Roma con il telefono, tentativi sempre andati a vuoto in quanto del tuo telefono non avevamo il numero, almeno quello giusto. Eppure sarebbe bastato rivolgerci al 12, servizio elenco abbonati... Ciò che, stupidamente, non abbiamo fatto in questi mesi, l'abbiamo fatto ieri: abbiamo avuto il tuo esatto numero telefonico, e, con il tuo numero telefonico il tuo indirizzo. E così, eccomi qua, a farti idealmente «visita», a chiedere notizie tue, come stai, che cosa fai, come va, eccetera.
Le mie, di notizie, eccole: sposato, due figlie, discretamente avviato in un'attività commerciale di esportazione di macchine per cucire; in quanto alla salute: cerco di difendermi. E, dato che ci siamo – non ti nascondo che mi sento un po' imbarazzato nel chiedertelo – dato che tu sei a Roma, dato che a Roma ci sono i ministeri e dato che tra i ministeri c'è anche quello del Commercio con l'estero, vorrei porti questa domanda: hai modo di raggiungere direttamente o indirettamente quest'ultimo ministero? Ho una pratica che lì

giace perlomeno da sei mesi (allegata fotocopia), si tratta di un'autorizzazione per la Tunisia.
Se puoi, amici; se non puoi, più amici ancora, anzi cugini, anzi primi cugini.
Nell'attesa di leggerti al più presto possibile e soprattutto di avere tue notizie personali e della tua famiglia, ti saluto.

Gianni

DUE POSSIBILI RISPOSTE

Primo tipo di possibile risposta: negativa (o, per meglio dire, evasiva: mai dire un no secco in casi del genere; far capire piuttosto che non ci sono troppe speranze). Al ricevimento della lettera del cugino Gianni, Piero si dà un'occhiata intorno, chiede e cerca nell'ambito delle sue conoscenze, ma non trova nessuno. Preferisce telefonare al cugino, anziché scrivere, e questo per due ragioni: prima di tutto, per liquidare questo caso, insomma lavarsene le mani; in secondo luogo per evitare che il cugino si faccia illusioni. Piero s'informerà innanzitutto della salute del cugino e della sua famiglia; divagherà sulla parentela e chiederà notizie di cugini, cugine, zie e zii; arriverà infine al punto; dirà che «per quanto riguarda quella pratica al ministero» non ha «allo stato notizie incoraggianti» poiché non ha fra le sue amicizie e conoscenze, «qualcuno che lavori in quel ministero»; che, sì, ha trovato un amico il quale a sua volta ha un amico che avrebbe delle conoscenze in uno di quegli uffici: che della pratica gli ha parlato, anzi gli ha dato una fotocopia della fotocopia. Conclusio-

ne: da come stanno le cose non c'è da farsi troppe illusioni; che insomma gli dispiace di non potergli essere utile; ma che, tutto sommato, qualcosa di buono c'è stato: il riallaccio dei rapporti tra cugini, figli di fratelli.
Secondo tipo di possibile risposta: positiva. Come comunicarla, per lettera (o biglietto) o per telefono? Indifferentemente attraverso l'uno o l'altro canale.
Per telefono: esordio come sopra (come stai, cosa fai, come te la passi e le solite divagazioni).
«Quanto poi alla pratica» di cui gli è stato chiesto d'interessarsi «buone notizie, caro Gianni: ho un amico che lavora proprio nel ministero in questione, gli ho passato gli estremi ed egli mi ha assicurato che entro pochi giorni sarà in grado di darmi una risposta; a presto dunque...».
Se si vuol dare per iscritto la lieta notizia, meglio servirsi di un biglietto:

Caro Gianni, mi affretto a farti avere notizie sulla pratica segnalatami: notizie buone. Ho trovato un amico, che fortunatamente è impiegato proprio al ministero che ti interessa; gli ho passato gli estremi ed egli mi ha assicurato che entro pochi giorni sarà in grado di darmi una risposta: risposta «con molte probabilità – testuali parole sue – positiva». Mi farò vivo io con un colpo di telefono.

LETTERA DI RINGRAZIAMENTO

Entro pochi giorni arriva infatti la telefonata del cugino romano che dà la notizia attesa: tutto a posto, il ministero ha dato una risposta positiva, la pratica si può così dire de-

finita. Dall'altro capo del filo, Gianni, il cugino richiedente, ringrazia calorosamente.
Ai ringraziamenti telefonici sarebbe doveroso far seguire quelli epistolari: tanto per dare più forza alla gratitudine per la cortesia ricevuta.
È precisamente quello che fa anche Gianni, con una lettera il cui testo potrebbe essere il seguente:

Caro Piero,
ho avuto ufficialmente notizia dal competente ufficio ministeriale che la pratica, della quale ti sei così gentilmente interessato, è finalmente andata a posto. Ringraziandoti, mi sento doppiamente mortificato nei tuoi confronti. Mortificato prima di tutto per averti dato un'incombenza che certamente deve esserti costata tempo, qualche sacrificio – chiedere dei favori non è un'occupazione allegra –, e anche un po' di pazienza. Mortificato poi per essere ricorso a te dopo mesi di silenzio, dandoti forse l'impressione di averti riscoperto, e cioè di aver riallacciato i fili con la parentela, soltanto sotto la spinta del bisogno. Ebbene, non è così, credimi, e vorrei che tu cancellassi questa impressione, se impressione c'è stata: non è stato infatti il mio problema burocratico a farmi ricordare del cugino, ma è stato caso mai il ricordo del cugino a farmi balenare l'idea di una possibile soluzione del problema. Sembra un sottile gioco di parole; la verità è che ringrazio questo mio problema – e indirettamente il ministero – che mi ha sospinto a ritrovare i contatti con te. A ogni modo, sono qui per dirti grazie e arrivederci: sarebbe ora, credo. Non dimenticare intanto che io mi considero a tua completa disposizione per qual-

siasi cosa ti occorra, in qualsiasi momento. Ti sarei grato se tu volessi darmi almeno la possibilità di contraccambiare la cortesia che hai avuto per me. Possibile che non ti serva nulla?
Ti abbraccio e ti prego di abbracciare a nome mio i tuoi, tua moglie e i tuoi figli, che spero, un giorno non lontano, di poter conoscere.

Stesso contenuto: biglietto di ringraziamento.

Caro Piero,
ti comunico che la pratica per la quale ti sei tanto gentilmente interessato è andata a buon fine. Mi hai tolto, caro cugino, un grosso peso dallo stomaco. Non ho parole per ringraziarti. Parentela a parte, vorrei tanto che tu mi dessi la possibilità di contraccambiare il favore: avremmo così tra l'altro l'occasione non solo di sentirci, ma anche di vederci. Ti aspetto a Milano con i tuoi familiari, ospiti miei. Ti telefonerò una di queste sere per perfezionare i dettagli.

SEGNALAZIONE AL PRESIDENTE DI UNA COMMISSIONE

Segnalazione, come dire «raccomandazione», è un termine in se stesso forse non molto raccomandabile, e forse anche un po' compromettente. Di segnalazioni (o raccomandazioni, se preferite), a ridosso dei concorsi, specialmente statali, se ne scrivono, o se ne fanno, a migliaia, al punto

che, elidendosi, si neutralizzano vicendevolmente. Ma tant'è: sapersi accompagnato, sorretto, protetto, presentato da una raccomandazione, o segnalazione che dir si voglia, aiuta emotivamente ad affrontare quella competizione che è il concorso. A segnalare, o raccomandare, all'amico – che è magari uno dei presidenti delle varie commissioni – è l'amico di un altro amico (se non parente), il quale ha il figlio impegnato in un prossimo concorso. Problema centrale: come segnalare un determinato nominativo all'attenzione di una determinata persona influente? È sufficiente la telefonata? O non è il caso di segnalare con un appuntino? Diciamo che la scelta del mezzo dipende più che altro dai rapporti personali che esistono tra il richiedente e il destinatario della richiesta.
Al telefono (o meglio ancora se di persona) all'amico influente (probabilmente presidente di una commissione, oppure amico dell'amico che conta nel concorso): senza perdersi in inutili preamboli per decantare qualità e virtù del candidato, si dà del candidato il nome e il cognome, «figlio di un mio caro amico», si aggiungerà che si tratta di un «buon elemento, preparato, intelligente, ma molto emotivo». Che tale «buon elemento, preparato, intelligente, ma molto emotivo» debba essere raccomandato è inutile dirlo: è sottinteso.
La segnalazione può essere fatta anche con un appuntino, di questo genere per esempio:

Segnalo alla tua cortese attenzione il giovane (nome e cognome), *candidato al concorso* (indicare il tipo di concorso e la data nella quale avranno luogo le prove, scritte od orali). *Trattasi di un buon elemento, preparato, coscienzioso, intelligente, ma fortemente emotivo.*

SEGNALAZIONI E RINGRAZIAMENTI

A segnalare all'amico che conta è sempre l'amico di un altro amico il cui figlio, impiegato nella ditta o banca tal dei tali, desidererebbe essere trasferito in altra sede professionalmente più interessante. Tipo di segnalazione (o raccomandazione: la sostanza è sempre quella):

> *Caro Luigi,*
> *scusami se approfitto un po' troppo spesso e con una certa disinvoltura della tua amicizia per chiederti ciò che altri chiedono a me.*
> *Capita che questa volta gli «altri» siano un mio caro amico d'infanzia. Vengo al sodo: questo mio amico ha un figlio, impiegato nella ditta che tu dirigi, il quale desidererebbe essere trasferito a..., sede a lui più congeniale, dati i suoi interessi professionali formatisi – così mi dicono – sui computer. Vedi, sempreché tu lo ritenga possibile e opportuno, se puoi accontentarlo.*
> *Con l'occasione ti porto i saluti di una nostra vecchia comune conoscenza, Tino Sechi, ricordi? Ebbene...*

Eccetera, eccetera. Questo tipo di segnalazione tra amici può benissimo essere fatta anche per telefono.
Ed ecco ora un caso inverso: una segnalazione di segno opposto. L'amico che scrive all'altro amico dirigente d'azienda – siamo e restiamo sempre nel campo della comunicazione privata – sottoponendogli un caso particolare: quello dell'impiegato tal dei tali che dovrebbe essere trasferito a una sede lontana e piuttosto disagiata. Si chiede, se possibile, di evitare tale trasferimento per motivi familiari e anche economici.

Sta bene: l'impiegato non sarà trasferito. Lettera di ringraziamento perciò del beneficato al suo benefattore (che sarebbe l'amico del dirigente d'azienda). Un facsimile, naturalmente:

> *Egregio signor Bianchi,*
> *desidero sentitamente ringraziarLa per tutto quello che Lei ha fatto per me. Il Suo intervento è stato determinante: esso mi ha risparmiato un trasferimento che avrebbe comportato non pochi inconvenienti, a cominciare dal problema della casa, problema purtroppo oggi non facilmente risolvibile. Ma soprattutto il Suo intervento, evitandomi il trasferimento, mi ha dato la possibilità di continuare a vivere vicino a mia madre, sola e in non buone condizioni di salute. Debbo alla Sua influenza e soprattutto alla Sua sensibilità la soluzione di questi miei problemi familiari.*
> *RingraziandoLa ancora una volta, La prego di gradire, signor Bianchi, i miei più deferenti saluti.*

Stesso contenuto in un biglietto di ringraziamento.

> *Egregio signor Bianchi,*
> *mi è stato ufficialmente comunicato che il mio trasferimento alla nostra filiale di Torino è stato annullato. Ciò semplifica i miei problemi dandomi tra l'altro la possibilità di restare vicino a mia madre, sola e ammalata. Debbo tutto questo a Lei, signor Bianchi, e La prego di gradire, con i miei ossequi, i sensi della mia profonda gratitudine.*

LETTERA DI RINGRAZIAMENTO A UN AMICO CHE SI È OFFERTO PER LA SISTEMAZIONE DEL FIGLIO

Caro Giovanni,
potrei dirti a voce ciò che sto per dirti; ma preferisco invece scriverti affinché queste mie parole ti restino meglio impresse.
Si dice che l'unico modo per avere un amico è di essere un amico.
Mi è venuta in mente questa bella frase pensando alla nostra amicizia, ma soprattutto pensando al bel gesto che hai compiuto nei miei confronti. Ho notato, commosso, la delicatezza e la discrezione con cui, avvalendoti delle tue conoscenze, ti sei preso cura della sistemazione di mio figlio.
Claudio ha 24 anni, è diplomato, ha adempiuto agli obblighi militari, ha volontà di lavorare: che cosa dunque gli manca?
Niente, gli manca soltanto un aiuto, una mano. Tu, Giovanni, non hai atteso che te la chiedessi: tu hai intuito e capito, hai preso direttamente l'iniziativa. I miracoli dell'amicizia.
È proprio vero: l'unico modo per avere un amico è di essere un amico, non con le parole ma con i fatti.
La sistemazione di mio figlio, certo, mi sta a cuore; ma mi sta ancora più a cuore la tua spontanea e generosa amicizia di cui, indipendentemente dal successo della tua azione, ho avuto la conferma.

Stesso contenuto in un biglietto di ringraziamento:

Caro Giovanni,
mio figlio mi ha parlato di te e tutto ciò che tu hai fatto e stai facendo per lui. Per ringraziarti ci vorrebbe ben altro che un semplice biglietto. Mi ha commosso soprattutto il fatto che, per interessarti, non hai atteso che te lo chiedessi; lo hai capito subito, e questo è molto bello da parte tua. È vero: l'unico modo per avere un amico è quello di esserlo con i fatti.

Ringraziamenti per ogni circostanza

Il ringraziamento, sia scritto sia telefonico, è sempre obbligatorio (moralmente obbligatorio, s'intende) in diverse circostanze.
Come abbiamo visto quest'obbligo si impone quando riceviamo un regalo, ad esempio, o anche dopo una lettera di condoglianze.
Sono davvero tante le circostanze in cui il ringraziamento più o meno sentito come dovere morale è, comunque, una imprescindibile norma di buona educazione. Questo capitolo è composto da una serie di esempi che dovrebbe essere sufficiente a trarre d'impaccio in ogni circostanza: quando si possa essere stati oggetto di particolari attenzioni, per l'assistenza ricevuta nel corso di una degenza, in una forma di solidarietà o in caso di ospitalità.
Sono esempi di lettere o biglietti, il cui testo, secondo i casi, potrebbe essere benissimo utilizzato anche al telefono. Ad essi il lettore potrà eventualmente ispirarsi, per esprimere, poi, con parole proprie i suoi sentimenti.

PER ATTENZIONI RICEVUTE

Biglietto di ringraziamento per la cortesia che un superiore ha avuto nei nostri confronti:

Gentile signor Neri,
sono particolarmente lusingato per la cortesia e l'attenzione che Lei ha avuto nei miei confronti facendomi pervenire una copia del Suo libro. Mi riservo di dedicare con piacere e con interesse un'attenta lettura al Suo volume.
La ringrazio per l'onore concessomi e Le invio con l'occasione i miei più deferenti saluti.

Biglietto di ringraziamento (o testo di una telefonata) a una persona che ci ha restituito per posta i documenti smarriti:

Egregio signor Santi,
ho ricevuto oggi un plico da Lei speditomi dentro il quale ho avuto la gioia di ritrovare il mio portafoglio contenente alcune migliaia di lire ma soprattutto tutti i miei documenti personali, tra cui la patente di guida.
Egregio signor Bianchi, vorrei conoscerLa per ringraziarLa personalmente per la correttezza e la civiltà del Suo gesto che – dati i tempi in cui viviamo – ha un significato per me non trascurabile.
RingraziandoLa, La saluto cordialmente.

Lettera di ringraziamento a un'amica che si è prestata nel fornire utili informazioni oltre a quelle richieste:

Cara Gisa,

non so come ringraziarti per il grande favore che mi hai fatto, e soprattutto per le utilissime informazioni bibliografiche.
Infatti, non ti sei limitata a ragguagliarmi sulle diverse biblioteche presenti nella tua città, come ti avevo chiesto, ma sei andata oltre.
Ti sei presa anche il disturbo, non di poco conto, di redigermi, per ogni biblioteca, la bibliografia sull'argomento di cui, solo per tua curiosità, ti avevo dato il titolo.
La bibliografia che mi hai inviato semplifica notevolmente il lavoro sulla mia tesi.
Ora so dove mettere le mani: e dici poco?
La tua cortesia, cara Gisa, mi mette ora in imbarazzo.
Come potrò sdebitarmi?
Passando nella tua città per le necessarie consultazioni nelle biblioteche di cui mi hai fatto un elenco, non dubitare che non mancherò, tra una consultazione e l'altra, di farti una visita, per vederti, salutarti e ringraziarti a voce per la tua cortese iniziativa.
A presto, dunque, e, nell'attesa di rivederti, t'invio calorosi saluti.

Biglietto di ringraziamento (o testo di una telefonata) a un signore che si è generosamente prestato ad aiutare una persona anziana in difficoltà.

Egregio signor Rossi,
da persone che La conoscono mi è stato segnalato il Suo generoso, direi nobile, atteggiamento nei confronti di mio padre, ultrasettantenne, in difficoltà allo sportello delle Poste, dove ogni due mesi si reca per ritirare la pensione. Lei lo ha fatto passare avanti e, avendolo trovato malfermo sulle gambe, lo ha fatto poi sedere; infine lo ha accompagnato, sorreggendolo, sino sulla porta di casa sua.
La ringrazio, signore – in questo caso signore nel senso più ampio della parola –, e vorrei tanto conoscerLa per ringraziarLa personalmente.
Con riconoscenza,...

PER ASSISTENZA E SOLIDARIETÀ

Lettera di ringraziamento al medico di famiglia che si è particolarmente prestato per l'assistenza di un caro congiunto:

Caro dottore,
a nome di tutti i miei familiari La ringrazio per l'assistenza che, assiduamente, professionalmente ma soprattutto umanamente, Lei ha prestato alla nostra povera mamma durante l'intero decorso, purtroppo irreversibile, della malattia. Il suo destino era ormai segnato, e tuttavia Lei non l'ha mai abbandonata. Tutti i giorni, nelle ore più impensate, noi L'abbiamo vista entrare in casa nostra per controllare, sommini-

strare, incoraggiare, consolare l'inferma. Abbiamo visto in Lei qualcosa che va al di là del burocratico operatore sanitario. Abbiamo visto un uomo: un uomo chino sulla sofferenza altrui. Grazie, Dottore, grazie per tutto quello che Lei ha fatto.
Mentre mi associo al sentimento di riconoscenza della mia famiglia, La prego di gradire i miei più deferenti saluti.

Lettera di ringraziamento per l'assistenza prestata al figlio coinvolto in un incidente stradale:

Egregio signor Rollini,
mio figlio mi ha raccontato tutto dell'incidente, risoltosi per fortuna soltanto con qualche lieve ammaccatura alla macchina... e molto spavento. Mi ha parlato poi a lungo dell'assistenza che gli avete prestato: come lo avete accolto in famiglia, come lo avete rincuorato fisicamente e psicologicamente, rassicurandolo, tranquillizzandolo e mettendolo a suo agio. So che pure Lei ha un figlio della stessa età, e sono sicuro che capirà il mio stato d'animo: sappiamo solo noi genitori con quale trepidazione li lasciamo partire, questi ragazzi; con quale ansia li seguiamo e talora con quale angoscia ne attendiamo il ritorno. A rassicurarci un pochino è la speranza che lungo la loro strada questi ragazzi trovino persone come Lei, signor Rollini: persone sensibili, disponibili e generose.
La ringrazio e La prego di estendere i miei, anzi i nostri, ringraziamenti a tutta la Sua famiglia.

Lettera di ringraziamento per la solidarietà dimostrata in seguito a un rovescio finanziario:

Amici carissimi,
penso di essere finalmente, e definitivamente, uscito da quel terribile e insopportabile tunnel di amarezza nel quale sono stato sospinto in seguito a un rovescio finanziario la cui responsabilità è ancora tutta da accertare. Ho conosciuto umiliazioni, ingratitudine, egoismi e grettezze di ogni genere. Ho passato, come voi sapete, momenti disperati.
Ebbene, uscendo da questo tunnel di miserie e anche – senza esagerare – di miseria, il mio primo pensiero riconoscente è per te, cara Luisa, è per te, caro Gianni, cari e indimenticabili amici. Voi soltanto mi siete rimasti vicino; mi avete ascoltato, capito, incoraggiato, e anche materialmente aiutato. Se sono riuscito a sopravvivere lo debbo a voi. Grazie, amici miei. Vi abbraccio.

PER OSPITALITÀ

Lettera di ringraziamento dei genitori per l'ospitalità riservata al figlio durante le sue vacanze:

Gentili Signori,
nostro figlio, rientrato ieri sera dalle vacanze, non fa altro che parlare di Voi.
Egli è entusiasta dell'accoglienza con la quale l'avete

ricevuto, dell'ospitalità e del gradevole soggiorno che gli avete riservato e delle attenzioni di cui è stato oggetto.
Dice di aver passato con Voi due settimane meravigliose, di essersi molto divertito, di avere ammirato la bella campagna che circonda la vostra cittadina. Dice che ricorderà sempre queste vacanze con piacere e con un pizzico di nostalgia.
Dice infine di averVi invitati a passare qualche giorno da noi.
Saremmo onorati di conoscerVi: ed è per questo che, sottolineando l'invito di nostro figlio, tale invito ripetiamo con piacere e con calore. Ci consideriamo sin d'ora a Vostra disposizione.
Intanto vogliamo farVi giungere i sensi della nostra sincera gratitudine e riconoscenza.

Famiglia M.

Stesso contenuto: biglietto di ringraziamento.

Gentili Signori,
Vi ringraziamo sentitamente per l'accoglienza che avete riservato a nostro figlio e per le premure con le quali lo avete circondato durante il suo soggiorno, che – come lui ci ha detto – è stato semplicemente meraviglioso.
Saremmo lieti di conoscerVi e, rinnovandoVi i ringraziamenti, Vi preghiamo di gradire i nostri più calorosi saluti.

Famiglia M.

Lettera di ringraziamento di un ragazzo per l'ospitalità durante una breve vacanza:

Gentili Signori,
sono arrivato ieri sera in famiglia, dopo un viaggio un po' movimentato ma tutto sommato abbastanza piacevole; e il mio primo pensiero, varcando la soglia di casa mia, è stato per Voi. Grazie per la squisita accoglienza; grazie per l'ospitalità e il gradevole soggiorno che mi avete riservato, grazie per le attenzioni di cui sono stato oggetto. Ho passato con Voi due meravigliose settimane durante le quali ho avuto modo di apprezzare le vostre simpatiche abitudini, la vostra ridente cittadina e l'amena campagna che la circonda, le tradizioni a cui è legata, e soprattutto l'amabilità delle persone che vi abitano.
Credetemi: quelle che ho passato non sono state vacanze come tutte le altre.
Le ricorderò con piacere e, non vi nascondo, con nostalgia.
Mi sembra quasi superfluo ricordarVi ciò che già ebbi modo di dirVi prima di partire: sono, anzi siamo, la mia famiglia e io, a Vostra completa disposizione il giorno in cui deciderete di venirci a trovare e, con l'occasione, visitare la mia città.
Vostro

G.

Stesso contenuto: biglietto di ringraziamento (o telefonata).

Gentili Signori,
sono Giuseppe, appena arrivato il mio primo pensiero è di ringraziarVi della Vostra squisita accoglienza, della Vostra ospitalità e delle attenzioni che mi avete riservato. Ho passato con Voi vacanze meravigliose che ricorderò per sempre. La mia famiglia e io Vi attendiamo.
Per ora cari e affettuosi saluti a tutti.
(Firma)

Lettera di ringraziamento all'amico che ha ospitato i figli in occasione di una loro visita a una città d'arte:

Caro Lamberto,
Piero e Angelo sono rientrati ieri sera da Venezia e mi hanno fatto un dettagliato ed entusiastico resoconto del loro soggiorno nella tua bellissima città. Ti ringrazio di cuore per le attenzioni che gli hai dedicato. Devo dirti che i miei «reduci» sono rimasti innanzitutto colpiti dalle premure con le quali tu e tua moglie li avete accolti: è stata infatti per loro una gradevole sorpresa di avervi trovati alla stazione ad attenderli; sono rimasti inoltre altrettanto gradevolmente sorpresi di avervi sempre trovati a loro disposizione, in occasione soprattutto di visite culturalmente impegnative.
Un ringraziamento particolare vorrei che trasmettessi a tua moglie che si è data tanto da fare per mettere i ragazzi a loro agio, preoccupandosi di non fargli man-

care niente, a cominciare da quegli «ottimi pranzetti» (parole loro), di cui hanno conservato un «ottimo ricordo» (anche queste parole loro).
Grazie, grazie e grazie. Un affettuoso saluto dai ragazzi e da me un abbraccio.

(Firma)

Biglietto di ringraziamento a una famiglia che ci ha ospitati al mare durante le vacanze:

Carissimi,
di ritorno in città, dopo le bellissime vacanze passate in vostra compagnia di fronte a un mare che difficilmente dimenticheremo, sentiamo il bisogno, prima ancora del dovere, di rinnovarVi ancora una volta i nostri ringraziamenti per la Vostra cortese e impagabile ospitalità. I bambini non fanno che parlare dei vostri figli. Ci avete fatti sentire a casa nostra sin dal primo giorno: siete stati davvero degli ospiti eccezionali.
Unitamente ai nostri figli Vi salutiamo calorosamente e inviamo un bacio ai Vostri ragazzi.

Famiglia A.

Congratulazioni per successi e relativi ringraziamenti

PER LA LAUREA

Se siete amici intimi del neolaureato basterà una semplice telefonata di congratulazioni. Ecco un campionario (diciamo così) di congratulazioni al quale, volendo, potreste ispirarvi.

- «Le mie più sincere e amichevoli congratulazioni.»

- «La mia famiglia e io ti facciamo i nostri più sinceri complimenti per il brillante risultato che degnamente corona il tuo impegno e la tua perseveranza.»

- «Siamo felici e ti facciamo tanti auguri per il brillante avvenire che ti aspetta.»

- «Vivissime congratulazioni: hai dimostrato di essere veramente in gamba.»

Evitate, anche se avete a che fare con amici intimi, di fare congratulazioni troppo spiritose («Ce l'hai fatta? Meno male!» o simili).
Se invece i rapporti con il neolaureato sono piuttosto formali sarebbe consigliabile inviare un biglietto con due righe di tono convenzionale.

RINGRAZIAMENTI PER LE FELICITAZIONI

Al biglietto di congratulazioni il neolaureato non è tenuto a rispondere, a meno che... A meno che le felicitazioni provengano da una persona cara, un parente (zio, cugino ecc.) che sia stato molto vicino al neolaureato durante il corso di laurea e in particolar modo nella redazione della tesi. In questo caso un ringraziamento, scritto più che telefonico, in un certo senso è d'obbligo.

Caro zio,
ti ringrazio per il gentile biglietto con il quale ti rallegri per il conseguimento della laurea.
Le tue felicitazioni mi giungono particolarmente gradite: non posso dimenticare, e non dimenticherò mai, tutto quello che hai fatto per me: mi hai sempre seguito, consigliato, aiutato, insomma, mi sei stato sempre vicino.
Questa mia gioia desidero pertanto dividerla con te.
Ti abbraccia con affetto e con tanta riconoscenza tuo nipote

Nicola

Così pure, al ricevimento di un biglietto (o di un telegramma) di congratulazioni firmato da un gruppo di amici (Carlo, Luigi, Mario, Ernesto, Gianni ecc.), il neolaureato non dovrebbe esimersi dal rispondere almeno con un biglietto:

Carissimi,
ho ricevuto il vostro telegramma con il quale vi congratulate per il conseguimento della laurea. Vi ringrazio di cuore, amici miei, per esservi ricordati di me. Ciò che mi auguro, a mia volta, è di poter fare per ognuno di voi quello che avete fatto per me: cioè di inviarvi un giorno un telegramma di felicitazioni per il conseguimento di un risultato a ognuno di voi particolarmente caro.
Vi abbraccio tutti.

Sandro

PER UN SUCCESSO NELLA PROFESSIONE

Per successo nella professione intendiamo un avanzamento di grado, o il felice esito di un'operazione commerciale o industriale, oppure un riconoscimento nell'arte, nella cultura ecc., o, ancora, una promozione nell'attività manageriale.
Anche se – per essere sinceri – non sempre il successo di un altro ci riempie il cuore di gioia, tuttavia rientra nella consuetudine delle buone e civili maniere di partecipare, sia pure qualche volta *obtorto collo*, alla festa esprimendo tale partecipazione o al telefono, o a mezzo telegramma, o più semplicemente a mezzo biglietto. Il frasario? Quello di circostanza. Ecco un campionario di frasi di congratulazioni, o felicitazioni:

- *Rallegramenti per la promozione.*

- *Complimenti per il meritato successo.*

• *Congratulazioni per il felice esito dell'operazione.*

• *Felice per la tua affermazione nel campo artistico, ti faccio tanti auguri per le prossime mostre.*

• *Il brillante successo ottenuto premia il tuo impegno e le tue capacità. Congratulazioni vivissime.*

Certo, ci sono congratulazioni e congratulazioni: generiche e, come dire?, *ad personam*, cioè appropriate a un determinato personaggio e al tipo di successo conseguito. Per esempio: cosa dire congratulandosi con l'amico Giorgio che si è brillantemente piazzato nelle elezioni politiche? Si potrebbe dirgli:
Un giornalista americano, rispondendo a un brindisi durante un pranzo in suo onore, disse: «Non posso dirvi il segreto del successo, ma posso dirvi quello dell'insuccesso: cercare d'accontentare tutti».

Ci sono anche, fra le altre possibili, le congratulazioni paternalistiche. Il vecchio zio smaliziato, reduce e superstite di cento esperienze, che ha vissuto, ha visto e ha imparato, che perciò sa come vanno le cose in questo mondo, congratulandosi con il nipote che si è imposto nella sua azienda come manager, lo mette in guardia e gli cita una massima di La Rochefoucauld:
«Non basta avere grandi qualità; bisogna sapere anche amministrarle». Capito? Perché – altra massima di La Rochefoucauld – «Il mondo ricompensa più spesso le apparenze del merito che il merito stesso». Come dire: stai attento, figliolo, il successo è come l'alcol, dà alla testa, evita di perderla, perciò occhio alla realtà e soprattutto a te stesso, cioè alla tua immagine; non è questa forse la civiltà dell'immagine?

Congratulazioni dall'amico: dall'amico vero, sincero, fraterno, immune dai veleni dell'invidia:
«Affettuose felicitazioni: il tuo successo ti ha messo su un piedestallo, fai attenzione però d'ora in avanti a dove metti i piedi».
Sempre in tema di felicitazioni fraterne: «Salire la scala del successo è facile quando è stato papà a costruire i gradini. Ecco perché ho una ragione in più per felicitarmi con te: perché i gradini non te li ha costruiti papà, ma te li sei costruiti da solo, uno dopo l'altro».
Congratulazioni ciniche, ma senza cattiveria, potrebbero essere quelle di un fratello maggiore o del padre: «Bravo per il successo conseguito; ma non dimenticare che in questo mondo se è importantissimo farsi strada a gomitate, è tuttavia fatale farlo vedere».

RINGRAZIAMENTI PER LE FELICITAZIONI RICEVUTE

Anche in questo caso si pone il solito problema: alle felicitazioni (o congratulazioni) il destinatario è tenuto a rispondere?
Non esistono leggi al riguardo, all'infuori di quelle della buona educazione, le quali impongono di rispondere quando le congratulazioni ci pervengono per lettera da una persona a noi molto vicina, che ha raccolto le nostre confidenze, le nostre incertezze e le nostre insicurezze, e che nei nostri confronti non è mai stata avara di consigli fraterni.
Di qui, lettera di ringraziamento – lettera il cui testo può benissimo essere utilizzato come comunicazione verbale – per le felicitazioni ricevute per la nomina a un posto di prestigio nell'azienda:

Caro Osvaldo,
ho ricevuto la tua lettera con la quale ti rallegri per la mia nomina a un posto così prestigioso e di responsabilità qual è quello al quale i miei superiori, bontà loro, hanno creduto opportuno assegnarmi. Le tue felicitazioni mi sono particolarmente gradite per il fatto che le sento sincere, disinteressate, amichevoli.
Tu, Osvaldo, mi sei sempre stato vicino, mi hai seguito, hai sempre avuto fiducia in me, mi hai sorretto con i tuoi consigli e incoraggiamenti, specialmente in alcuni momenti critici della mia carriera quando io stesso cominciavo a dubitare delle mie capacità. Non ti nascondo che anche ora, nonostante il successo conseguito, i dubbi non mi mancano: primo fra questi, il timore di non essere all'altezza della situazione. Sento sulle mie spalle il peso della responsabilità che porto. Questo mi onora – mi dirai. Certamente, ma anche mi condiziona. Penso che un pizzico di temerarietà e di spregiudicatezza non guasterebbe a chi, come me, ha l'onore e l'onere della conduzione di un settore importante dell'azienda. Sono, queste, perplessità che a te soltanto confido, perché so di essere capito.
La tua lettera di congratulazioni, così amica e piena di fiducia in me, mi giunge al momento opportuno. Mi vitaminizza.
Quali possano essere i risultati, non so. So soltanto una cosa: che ce la metterò tutta per non deludere l'amministratore delegato, e per non deludere te.
Ti ringrazio, caro Osvaldo, ti ringrazio veramente di cuore per le tue parole. Ricevi intanto un abbraccio dal tuo amico.

Enrico

Queste le parole, scritte o dette al telefono, all'amico che nei vostri confronti non ha mai avuto alcuna riserva, all'amico che non vi invidia e che non vi ha mai invidiato. Ma agli amici, o meglio ai colleghi, che in occasione della vostra promozione vi hanno inviato un telegramma di felicitazioni sottilmente ambigue e ironiche («Amici e colleghi reparto inviano felicitazioni vivissime augurandoti sempre buona fortuna»), come dovrà rispondere il «felicitato»? Con un biglietto, senz'altro, altrettanto cortese e altrettanto sottilmente ambiguo:

Carissimi colleghi e amici,
vi ringrazio sentitamente del telegramma con il quale avete voluto congratularvi per la mia recente promozione al grado superiore. La carriera, come tutti sappiamo, esige capacità, volontà e professionalità, ma – diciamocelo tra di noi – esige anche un po' di fortuna. È quella che, in aggiunta alla professionalità e alla volontà, io ho avuta. Altrettanta fortuna auguro a voi, carissimi e stimatissimi colleghi, perché è di questa soltanto – mi pare, o mi sbaglio? – che voi avete bisogno: con la speranza di ritrovarci tutti insieme, un giorno o l'altro, ai piani superiori.
Vi abbraccia il vostro
Gino

Proteste, scuse

SI POSSONO FAR SENTIRE LE PROPRIE RAGIONI IN MODO URBANO?

Si può protestare contro qualcuno o contro qualcosa senza inveire, senza urlare, senza minacciare, senza offendere, senza trascendere: insomma, senza lasciarsi coinvolgere in una di quelle risse verbali in cui tutto c'è da perdere, a cominciare dalla propria dignità e dal proprio decoro, e nulla c'è da guadagnare? Si può far sentire con fermezza le proprie ragioni in modo urbano, civile, educato?

Certo che si può. Anzi si deve. Ecco perché, giunti a un certo punto del contenzioso con il nostro vicino, la lettera scritta, meditata e riletta, è da preferire alla telefonata o alla spiegazione a tu per tu, nel corso della quale può sempre sfuggire una parola grossa, di troppo, che potrebbe dare fuoco alle polveri di un litigio che si sa dove comincia ma non si sa dove o come potrebbe finire.

Facciamo un esempio. La stanza da letto dove voi dormite è sotto la camera dei figli del vicino del piano di sopra i quali, ogni sera, dalle 10 in poi, saltano, giocano a palla, ascoltano musica ad alto volume: in poche parole, non vi fanno dormire. Che fate? Pazientate per qualche giorno con la speranza che il tormento finisca. Non finisce. Allora, vi armate di pazienza, andate su e suonate: «Scusi, signora Rossi, mi permetto disturbarla, avrei un problemino da risolvere...» E, con educazione le spiegate tutto, anzi le prospettate una possibile soluzione: basterebbe che quei suoi simpatici ragazzini alle dieci di sera interrompessero i loro giochi: «Sa, signora Rossi, io mi devo alzare molto presto al mattino per recarmi al lavoro, devo quindi andare a coricarmi altrettanto presto». «Ho capito», risponde la signora Rossi, «lei vuole dormire». «Certo, se è possibile.» «E allora, se lei vuol dormire, si metta i tappi nelle orecchie», ribatte la signora.

È il caso di rispondere? No, non è il caso: ne potrebbe seguire uno sgradevole battibecco.

È a questo punto invece che – anche per ristabilire le dovute distanze e quindi il dovuto rispetto – si pone il problema della lettera. Una lettera breve, dignitosamente risentita, con parole ben misurate:

Gentile signora Rossi,
conferendo con lei, ieri pomeriggio, e prospettandole la mia particolare situazione, le chiedevo semplicemente una cortesia: il suo intervento presso i suoi figlioli perché non protraessero i loro giochi oltre un certo orario. Le chiedevo troppo? Non mi resta che prendere atto del suo rifiuto nonché dell'ironia – peraltro di discutibile gusto – con la quale ha accolto la mia richiesta.
Sul fatto specifico mi riservo di sentire l'amministratore del palazzo, anche se io sono convinto che, nell'ambito di una civile e corretta convivenza tra inquilini, più che i regolamenti, ciò che conta è l'educazione.

Gilberto Bianchi

Fine dei rapporti. A eventuali ripicche, dispetti, provocazioni, reagite con il silenzio. Chiudete insomma la partita, a meno che...

LETTERA DI SCUSE

A meno che vi arrivi una formale lettera di scuse da parte della «gentile» signora Rossi o di chi fa per lei: in questo caso, il marito.

Gentile signor Gilberto Bianchi,
sono sinceramente dispiaciuto e mortificato, mi creda, per ciò che è avvenuto, e altrettanto imbarazzato nel chiederLe scusa, anche e soprattutto a nome di mia moglie, per le infelici (per dire poco) espressioni avute nei Suoi confronti. Purtroppo mia moglie non sta bene a causa di un trauma subito alcuni mesi fa nel corso di un grave incidente stradale dal quale è uscita con un sistema nervoso fortemente scosso, per cui è solita reagire, da un po' di tempo in qua, in modo piuttosto scomposto e sproporzionato a qualsiasi stimolazione. La ringrazio comunque per la signorilità da Lei dimostrata in questo «incidente» e non dubiti che da parte mia farò di tutto per incanalare i nostri rapporti con Lei e la Sua famiglia in quel clima di urbana e civile convivenza di cui Lei parla nella Sua lettera.
Da parte mia e da parte di mia moglie i nostri cordiali saluti.

Ernesto Rossi

TERMINI E LOCUZIONI RICORRENTI

- *Ho seri motivi per esprimere il mio risentimento per i danni subiti...*

- *Mi duole comunicarLe che il comportamento di Suo figlio non è stato corretto nei miei confronti...*

- *Quanto al Suo atteggiamento ho di che giustamente lagnarmi...*

- *Protesto fermamente contro simile atteggiamento...*

- *Ciò premesso, elevo la mia ferma protesta...*

- *Non mi resta che esprimere il mio netto dissenso su quanto è accaduto...*

- *Non ho alcuna difficoltà ad esprimere la mia totale disapprovazione sulle decisioni prese...*

- *Sono profondamente amareggiato per quanto è successo...*

- *Mi rammarico sinceramente per quanto è avvenuto, e La prego di accettare le mie scuse...*

- *La prego di scusarmi per il modo con cui ho reagito...*

- *Sono sinceramente mortificato per quanto è avvenuto...*

- *Dispiace in lui quel modo di fare...*

- *Me ne dispiace sinceramente e chiedo scusa...*

- *Mi dispiace doverLe dire che...*

- *Ciò che ad alta voce reclamo, è, innanzitutto, il rispetto dei miei diritti...*

- *Ciò di cui mi dolgo è, soprattutto, la mancanza di un minimo di buona educazione...*

- *Ciò che esigo è un minimo di buonsenso e di imparzialità...*

- *Insorgo contro tali grossolane bugie...*

- *Contesto un simile modo di fare...*

- *Non ho alcun motivo per non ammettere francamente il mio torto...*

LETTERA DI PROTESTA PER UNA CONTRAVVENZIONE

Giorgio, diciotto anni, quarta liceo scientifico, è stato multato da un vigile. Ritenendosi ingiustamente penalizzato, scrive allo zio, persona influente in comune, pregandolo d'intervenire presso il comandante dei vigili urbani:

> *Caro zio,*
> *ti ripeto per iscritto come sono andate le cose. Una settimana fa, in via Pascoli, un vigile mi ha multato per avermi sorpreso, secondo lui, ad andare contromano con la mia motoretta. Dico «secondo lui», perché in*

realtà io non camminavo affatto: ero, sì, seduto sulla motoretta, ma fermo, in attesa di un amico con il quale avevo un appuntamento. Nel tentativo di far valere le mie buone ragioni, sono stato bruscamente zittito e invitato a «chiudere il becco» per «non peggiorare la situazione» (tra virgolette, le parole del vigile, anzi del signor vigile).
Poiché mi ritenevo ingiustamente multato non ho pagato la contravvenzione, e la guardia ha allora steso un verbale, che dovrebbe ora trovarsi sulla scrivania del comandante. Nel verbale c'è una versione dei fatti – quella del vigile; ma c'è anche un'altra versione – la mia. È vero, io ero contromano, ma fermo, seduto sulla motoretta, in attesa, come ho detto, di un amico. Non penso che ciò possa costituire un'infrazione al codice della strada.
Ti sarei grato se volessi fare qualcosa a tutela del mio buon diritto. Grazie da parte di tuo nipote

Amedeo

LAGNANZE A UN COMMERCIANTE PER UN PRODOTTO DIFETTOSO

La famiglia Rossi ha acquistato un elettrodomestico in una via del centro: l'apparecchio, messo alla prova, rivela alcuni difetti. Si fa presente l'inconveniente al negozio: si telefona una volta. «Veniamo subito», e non si vede nessuno; si telefona una seconda volta, una terza volta. «Veniamo subito», e non si vede mai nessuno. Di qui la lagnanza:

Spettabile ditta...,
un mese fa circa acquistai nel vostro centro di vendita in via... una lavatrice automatica, marca..., modello... L'elettrodomestico mi fu portato a casa da un vostro operaio il quale, dopo averlo montato ed essersi accertato che tutto funzionava, se ne andò non senza prima avermi assicurato che la ditta era garante dell'assistenza e che pertanto alla stessa avrei potuto rivolgermi nel caso in cui avessi constatato qualche inconveniente.
Una quindicina di giorni fa vi telefonai per segnalarvi alcune disfunzioni nello scarico dell'acqua, pregandovi d'inviarmi un vostro tecnico. La signorina che ricevette la telefonata mi assicurò che il tecnico sarebbe venuto al più presto possibile, al massimo entro due o tre giorni.
Non avendo avuto il piacere di vedere nessun tecnico, una settimana dopo ho ritelefonato. Solite promesse, ma del tecnico nemmeno l'ombra. Ho sollecitato nuovamente. Silenzio ancora. Ripeto con la presente, per iscritto, il quarto sollecito, con la preghiera di provvedere con la massima urgenza. Resta inteso che, in caso che la vostra latitanza continuasse, mi vedrò costretto a segnalare il fatto alla direzione della società costruttrice.
Distinti saluti

Alberto Rossi

PARTE TERZA
LE OCCASIONI TRISTI

Lutti

PARTECIPAZIONI DI LUTTO A MEZZO BIGLIETTO

È l'annuncio della scomparsa di una persona cara, su carta listata a lutto, che un tempo la famiglia del defunto inviava direttamente a parenti, amici e conoscenti.
Abbiamo detto un tempo. Attualmente infatti questo tipo di partecipazione sta cadendo in disuso, se non è in alcune regioni già del tutto scomparsa.
A sostituire questo tipo di partecipazione sono oggi le agenzie funebri, specialmente nei paesi del Centro-sud, le quali provvedono a comunicare alla cittadinanza la notizia del decesso con appositi manifesti che vengono redatti su un testo standard.
Nelle città, invece, è ormai invalso l'uso di comunicare la notizia con un necrologio.
La famiglia provvede a far pubblicare su un quotidiano cittadino nella pagina riservata ai necrologi l'annuncio del lutto che l'ha colpita.
Riguardo al biglietto e al vecchio tipo di partecipazione (per chi volesse restare nella tradizione), bastano poche semplici parole. Esempio:

Il 6 luglio, munito dei conforti religiosi, è venuto a mancare all'affetto dei suoi cari

(NOME E COGNOME)

Ne danno il doloroso annuncio la moglie Francesca... e i figli Carlo, Anna e Roberto.
I funerali avranno luogo lunedì 9 luglio alle ore 10,30 presso la Chiesa...

Ci si consenta di fare alcune precisazioni, per ovvie che possano sembrare. La prima: l'espressione «munito dei conforti religiosi» ha ragione di essere se i conforti effettivamente ci sono stati e se il deceduto era un credente, o almeno passava per tale. La seconda: il nome e il cognome del deceduto dovranno essere o no preceduti dal titolo accademico o di studio o di benemerenze (ingegnere, dottore, ragioniere, geometra, cavaliere del lavoro ecc.)?
Non c'è nulla che lo vieti né che lo imponga: davanti alla morte diplomi, lauree, onorificenze non hanno alcun senso, questo è vero; ma è anche vero che la collocazione di tali titoli potrebbe essere o apparire un modo come un altro per rendere omaggio al defunto. Questione di punti di vista, di opportunità. Terza precisazione: dove viene citato il nome della moglie (in questo caso, Francesca), esso dovrà essere seguito dal cognome del marito e poi dal cognome da nubile? Alcuni dicono di sì, altri... altri il problema non se lo pongono nemmeno. Certo, il solo nome conferisce all'annuncio un tono più confidenziale, più familiare; il nome più il cognome del marito più il cognome da ragazza conferisce invece un tono, come dire più ufficiale e come tale più distaccato.

CONDOGLIANZE A MEZZO BIGLIETTO

Abbiamo ricevuto, a mezzo biglietto listato a lutto, l'annuncio del decesso di un nostro conoscente, o amico di famiglia. Quali sono i mezzi per rispondere? I soliti: il telegramma o il biglietto (di condoglianze, naturalmente). Per il testo il lettore potrà ispirarsi ai seguenti esempi:

- *Profondamente addolorati, Alberto e famiglia si uniscono con affetto e rimpianto al dolore dei familiari per la scomparsa dell'amico...*

- *Costernati partecipiamo al gravissimo lutto che vi ha colpito per la perdita dell'amatissimo...*

- *Con sentimento di profondo cordoglio vi siamo accanto con fraterno affetto.*

- *Carlo e famiglia inviano le più sincere condoglianze.*

- *I colleghi... insieme con le loro famiglie prendono viva parte al dolore di... e di... per la scomparsa del loro adorato...*

- *Profondamente commossi Pietro e Letizia con tanto affetto si stringono a... nel ricordo e nel rimpianto dell'indimenticabile...*

- *Edoardo e Jole piangono la perdita di...*

- *Porgendovi le nostre sincere condoglianze ci stringiamo affettuosamente a voi.*

- *Piangiamo con voi la perdita del caro... e vi abbracciamo.*

Si tenga ben presente che i biglietti non vanno mai scritti a macchina, ma sempre a mano.

CONDOGLIANZE A MEZZO LETTERA

Se i rapporti sono molto più stretti, se la persona deceduta vi è sempre stata affettivamente legata, se essa in un modo o in un altro ha avuto una parte decisiva nella vostra vita – un amico più che amico, un'amica più che amica –, ebbene, in questo caso non c'è alcuna ragione per tenere imprigionati i vostri sentimenti entro il linguaggio corretto ma pur sempre convenzionale di cui ci si serve in occasioni del genere. Aprite le valvole del vostro cuore; esprimeteli, questi sentimenti, così come li provate, con calore e soprattutto con sincerità. Certo, le parole non asciugano le lacrime di chi piange, ma possono rendere le lacrime meno amare, meno disperate; certo, le parole nulla tolgono al dolore, ma possono aiutarlo ad affrontare e a superare i più difficili momenti della solitudine e della disperazione. In questo caso, lasciate biglietto e telegramma, prendete un foglio di carta e su questo foglio di carta abbandonatevi ai vostri più genuini sentimenti (non dimenticandovi di scrivere a mano, e non a macchina). Non preoccupatevi della forma. Siate sinceri e basta. La sincerità non ha bisogno di essere sottolineata; si manifesta e si sottolinea da sola.
Per esempio: lettera a un amico per la morte del padre di questi, deceduto dopo una lunga malattia.

Caro Rodolfo,
a esequie avvenute, rientrato a casa, sento il bisogno di scriverti, di aprirmi. Vorrei esserti più vicino con queste parole, ma forse mi illudo. Sono parole, comunque, che vengono direttamente dal cuore. In più

di un'occasione ho avuto modo di conoscere da vicino tuo padre, e di apprezzarne le qualità umane, le capacità, la rettitudine e soprattutto l'umiltà.
Non ti nascondo che la sua morte mi ha colpito nella parte più cara dei miei ricordi, lasciandomi un qualcosa di amaro in bocca: l'amarezza di non aver potuto esprimere a voce a tuo padre tutta la mia riconoscenza per avermi fatto, in alcune circostanze, da padre, e per essersi generosamente sostituito a mio padre naturale, scomparso, come sai, quando avevo dieci anni.
Tuo padre, caro Rodolfo, era un uomo riservato, semplice, onesto: le grandi virtù che oggi non fanno più notizia e di cui non si parla troppo. Ha lavorato in silenzio, in silenzio ha attraversato la vita superando senza far tragedie momenti difficili. Non ha mai odiato nessuno, non ha mai negato la mano a chi gliela chiedeva, né un sorriso a chi lo salutava. Era un uomo di una bontà profonda. Ha sopportato con dignità i tormenti della lunga malattia e con dignità ha accettato, senza recriminare, il suo destino.
Non è stato un superuomo; è stato molto di più: è stato un uomo.
Continua a vivere in te, nel ricordo del figlio e dei figli del figlio. Vive nell'esempio che ha dato e nel bene che ha fatto.
È con questa immagine che, abbracciandoti, mi piace ricordarlo.
Il tuo amico

Roberto

Altro esempio: lettera di condoglianze a un'amica che ha perduto il marito in un incidente.

> *Cara Elisabetta,*
> *di ritorno dal cimitero, dove abbiamo accompagnato il tuo povero Ernesto, il mio primo pensiero è per te. Tu sai bene che se c'è qualcuno che ti possa capire in questo momento, quel qualcuno sono io. In quell'atroce e oscuro tunnel del dolore e della solitudine in cui tu ti trovi ora, io sono già stata, e ne sono uscita sia pure sanguinando.*
> *Cara Elisabetta, non ti dirò le parole che si dicono in queste circostanze: mi rendo conto, scrivendoti, della mia presunzione: quella di avere le parole giuste della consolazione. Le parole giuste della consolazione, mia cara, sono nel supremo conforto della fede: coloro che ci hanno lasciato quaggiù non se ne sono andati; sono sempre con noi, accanto a noi, sono presenti invisibili, non li vediamo, ma essi sono lì, ci guardano, ci sorridono e ci aspettano. Il dialogo continua, Elisabetta; e tu non sei sola.*
> *Ti abbraccio, tua*
>
> *Arnalda*

LE CONDOGLIANZE A VIVA VOCE

Le condoglianze a viva voce, di persona o per telefono: cosa dire, come dirlo, quando dirlo. Ecco il problema. Leggiamo sul dizionario: condoglianze, «atto con cui uno si conduole», cioè partecipa al dolore altrui. Finché ci si limita alla pura partecipazione, il che è normale quando i rapporti con chi è stato colpito da un lutto sono formali, le parole non mancano poiché sono quelle di sempre: «Sentite condoglianze», «Le siamo molto vicini», «A nome della mia famiglia Le porgo le mie più sincere condoglianze» ecc.

È quando i rapporti sono stretti che si pone il problema perché non è sufficiente esprimere la propria partecipazione, bisogna andare oltre. Ci si chiede come e con quali parole si possa infondere coraggio, forza, speranza, rassegnazione, conforto senza cadere nella superficialità di un comune frasario che potrebbe suonare falso alle orecchie e al cuore del congiunto in lacrime. Parlare di Dio e della sua infinita bontà? Parlare della resurrezione? Parlare del tempo che a mano a mano tutto lenisce? La morte è un evento drammatico, non la si accetta con due parole. E allora?

E allora riteniamo che in casi del genere non restano che due soluzioni: o il silenzio in un lungo e affettuoso abbraccio; oppure lasciar parlare il cuore, i propri sentimenti, tumultuosi ma che non mentono mai.

«Claudio, tu hai perso un padre, io ho perso più che un amico, ho perso un fratello: andandosene, se ne è andato anche qualcosa di me, della mia infanzia e della mia giovinezza».

IL NECROLOGIO

Il necrologio è un messaggio che appare sulle pagine di un quotidiano, sia come annuncio vero e proprio di un decesso, sia come partecipazione al lutto. Il ricorso al giornale va sostituendosi oggigiorno alla tradizionale comunicazione scritta, al classico biglietto listato a lutto, e in parte anche al telegramma. Il messaggio che appare sul giornale può essere soltanto formale; ma può essere anche molto personale ed estremamente affettuoso, come vedremo man mano attraverso gli esempi. Il necrologio ha poi una possibilità in più: quella di portare automaticamente la notizia del decesso e la partecipazione al lutto a conoscenza di tutti.

ESEMPI DI NECROLOGIO

- *Il 4 settembre* (la data è facoltativa) *è venuto a mancare all'affetto dei suoi cari...* (oppure: il *dottor... l'ingegnere...* il *ragioniere...*: la premessa del titolo accademico o meno, facoltativa).

- *Dopo lunga sofferenza cristianamente sopportata è venuto a mancare...*

- *Il giorno 3 maggio si è spento serenamente...*

- *Munito dei conforti religiosi si è serenamente spento...*

- *Munito dei conforti religiosi e amorevolmente assistito dai suoi cari, ha concluso serenamente la sua vita terrena...*

- *Il 6 marzo è improvvisamente mancato all'affetto dei suoi cari...*

- *Il 2 dicembre si è spento prematuramente...*

- *Dopo una lunga vita dedicata con amore alla famiglia si è spenta a 99 anni, assistita amorevolmente ...*

- *È ritornato alla casa del Padre...*

- *L'avv... ci ha lasciati. Lo annunciano...*

- *Circondato dall'affetto dei suoi, ha lasciato questa terra ed è ritornato alla casa del Padre...*

- *Il giorno 9 maggio ha chiuso serenamente la vita, come serenamente l'aveva vissuta, il cavaliere di Vittorio Veneto...*

- *Colpito da un male incurabile si è spento il 2 giugno...*

- *Ha concluso prematuramente la sua giornata terrena ed è volato al cielo...* (trattandosi di un giovane)

- *Ha raggiunto la casa del Signore che amava e che ci spiegava attraverso il latino e il greco il carissimo sacerdote e professore...*

Degli esordi, cioè delle prime parti con le quali si annuncia il decesso di un congiunto, abbiamo scelto i più comuni, quelli cioé che più frequentemente ricorrono nei necrologi.
Al nome e al cognome del deceduto (nome e cognome che possono essere preceduti da un titolo accademico od onorifico) seguono i nomi dei parenti che danno l'annuncio («ne danno il triste annuncio», «lo annunciano con immenso dolore» ecc.). Seguono infine le indicazioni sull'orario dei funerali e della chiesa nella quale sarà officiata una messa funebre. Coloro che desiderano unirsi al dolore della famiglia possono farlo inserendo il loro nome e cognome sotto la dizione «partecipano al lutto».

ALTRI ESEMPI DI NECROLOGIO

Munito dei conforti religiosi è mancato all'affetto dei suoi cari

(NOME E COGNOME)

Ne danno il doloroso annuncio la moglie, i figli, la nuora, il genero e i parenti tutti.
Le esequie avranno luogo oggi 5 maggio alle ore 15 nella chiesa...
Partecipano al lutto:
....
....

Necrologi con ringraziamenti per l'assistenza prestata durante la malattia:

Dopo lunghe sofferenze si è spenta

(NOME E COGNOME)

Ne danno il triste annuncio il fratello Carlo con la moglie Beatrice, la cognata Gemma, i nipoti Piero, Giuseppe e Anna, la cugina Orietta Rossi e l'amica Clara Fedeli che si sono prodigate nella dolorosa assistenza, gli amici che le sono sempre stati vicini.
Una Messa verrà celebrata nella chiesa... di piazza..., lunedì 3 aprile alle ore...
Milano, 1° aprile 19...

Dopo lunga sofferenza il 7 luglio 19... è venuta a mancare all'affetto dei suoi cari la signora

(NOME E COGNOME)

ved. (nome del marito)
Ne danno il doloroso annuncio le figlie Caterina, Fausta con il marito Gilberto, i nipoti Alessandro e Alberto e i parenti tutti.
Un particolare ringraziamento a suor Anna e al personale tutto della clinica... per l'affettuosa assistenza.
I funerali avranno luogo oggi alle ore... nella chiesa... in via...
Roma, 9 luglio 19...

Il 19 novembre 19... è serenamente mancato

(NOME E COGNOME)

Con immenso dolore lo annunciano la moglie Angela (con cognome da ragazza), *i figli Piero con Luisa. Gemma con Federico e Andrea.*
La famiglia è profondamente grata al prof..., al dott... e a tutto il personale di casa per le amorevoli cure prestate.
I funerali avranno luogo oggi, giovedì 21 novembre alle ore... nella parrocchia di...
Non fiori ma eventuali offerte alla Madonnina del Grappa e alla Associazione italiana per la ricerca sul cancro.

Spesso compare, per espressa volontà dell'estinto, la nota richiesta di «non fiori ma opere di bene». Un'altra richiesta, che qualche volta ricorre nei necrologi (non si sa bene sino a che punto richiesta dall'estinto o dai familiari), è quella che «dispensa dalle visite».
A volte la triste notizia viene data a tumulazione avvenuta, e anche questo generalmente per espressa volontà dell'estinto. Idem per la cremazione. Leggiamo nel necrologio di un noto giornale romano: «Per volontà dell'Estinto a funerali e cremazione avvenuta Carlo Bianchi, suo carissimo amico, i cognati e nipoti tutti comunicano l'avvenuto decesso di (segue nome, cognome, preceduti da alto titolo onorifico). Data, Roma,...»
C'è modo e modo di accompagnare la persona cara che se ne va per sempre, e c'è modo e modo di annunciarne la dipartita. In modo semplicissimo per esempio:

> *Il 7 giugno, si è spenta serenamente* (NOME E COGNOME). *Ne dà il triste annuncio il figlio Emanuele con la moglie Emilia a esequie avvenute: Milano, 9 giugno 19...*

Oppure:

> *Beatrice e Lea con grande dolore annunciano la morte della loro mamma* (NOME E COGNOME) *unite nel rimpianto a coloro che l'hanno amata. Roma, 15 ottobre 19...*

Ci sono anche gli autoannunci, quelli redatti come se a darli fosse l'estinto stesso. Eccone un esempio, che riportiamo tale quale, apparso fra i necrologi di un importante giornale italiano. È un necrologio, ammettiamolo, un po' particolare. «Il maestro (NOME E COGNOME) comunica a coloro che gli furono vicini spiritualmente che da qualche tempo ha lasciato questo mondo col desiderio e la speranza di rivederli per vivere insieme partecipando per grazia divina alla gloria di Dio per tutta l'eternità. Dall'Aldilà, 28 marzo 19...»

ALCUNE FRASI EDIFICANTI

Sono citazioni tratte dai sacri testi, frasi che introducono motivi di conforto, di rassegnazione, di speranza, nel momento del dolore. La citazione sarà posta all'inizio, in alto, a destra. Eccone alcune:

- *"Ho combattuto la buona battaglia, ho terminato la corsa, ho conservato la fede"* (S. Paolo).

- *"Dov'è, o morte, la tua vittoria?"* (S. Paolo).

- *"Ora non vogliamo, o fratelli, che siate nell'ignoranza riguardo a quelli che dormono, affinché non vi rattristiate come gli altri; perché se crediamo che Gesù è morto e resuscitato, dobbiamo anche credere che Dio nello stesso modo ricondurrà con Gesù tutti quelli che si addormentarono in lui"* (S. Paolo).

- *"... non è né spento né lontano, ma vicino a noi, felice e trasformato, senza aver perduto la bontà e la delicatezza del Suo cuore"* (S. Agostino).

• *"Non piangete la mia assenza, sentitemi vicino e parlatemi ancora. Io vi amerò dal cielo come vi ho amati sulla terra"* (S. Agostino).

• *"Io sono la risurrezione e la vita: chi crede in me, anche se morto, vivrà; e chi vive e crede in me non morrà in eterno"* (Dal Vangelo secondo Giovanni).

• *"Il signore ha dato, il Signore ha tolto. Sia lodato nei secoli il nome del Signore".*

• *"Io sono la luce del mondo; chi segue Me non camminerà nelle tenebre, ma avrà la luce della vita".*

• *"Signore, non ci doliamo perché ce l'hai tolta ma Ti ringraziamo di avercela data".*

Dal libro dei Salmi ecco altre frasi edificanti:

• *"La vita, come l'erba, passa in un giorno: la mattina fiorisce e cresce, la sera cade, indurisce e secca".*

• *"Chi riposa nell'aiuto dell'Altissimo vivrà sotto la protezione del Dio del cielo".*

• *"Io mi coricherò in pace e subito mi addormenterò. Perché tu, o Signore, mi hai in particolare stabilito nella speranza".*

• *"Tutte le vie del Signore sono misericordia e verità per coloro che osservano il suo patto e i suoi precetti".*

• *"Gli occhi miei sono sempre rivolti al Signore..."*

• *"Il Signore è la mia luce e la mia salvezza; di chi ho da temere?"*

• *"Dio è il nostro rifugio e la nostra forza, l'aiuto nelle tribolazioni che ci hanno da ogni parte assaliti".*

LE CONDOGLIANZE ATTRAVERSO IL GIORNALE

La partecipazione al dolore per la scomparsa di una persona cara – le cosiddette condoglianze – trova nel giornale un mezzo rapido ed efficace. Vi ricorrono oggi un po' tutti, nipoti e nipotini, suoceri e consuoceri, amici e amiche, estimatori, colleghi: tutti coloro insomma che si sentono affettivamente legati all'estinto, al quale vogliono dare un ultimo amorevole saluto. Ecco alcuni esempi tratti dai più importanti giornali del nostro Paese:

I nipoti che ricordano lo zio:

• *Caro zio Francesco, ci accompagneranno sempre la luce dei tuoi altissimi ideali ai quali hai meravigliosamente dedicato la tua vita fino all'ultimo respiro e l'ineguagliabile dolcezza e nobiltà d'animo. La tua Laura e il tuo Sandro.*

I nipotini che ricordano il nonno (o nonna):

• *Tienici ancora dolcemente per mano, caro nonno, e guidaci sempre con il tuo esempio e il tuo caro ricordo lungo il cammino della nostra vita. I tuoi nipotini Franco e Iris.*

Altri nipotini, più brevemente ma non con meno amore:

• *Salutano con immenso affetto il loro NONNONE.* Segue elenco dei nomi dei nipotini.

L'inverso: i nonni che consolano i nipotini:

• *Nonna Ada e nonno Giuseppe partecipano all'immenso dolore che ha colpito i loro amati nipotini, Federico e Fabio, per l'improvvisa scomparsa del loro papà.*

I cugini che piangono con i cugini:

• *I cugini Rossi e Bassi con i loro figlioli piangono la scomparsa di Roberto Rossi e sono affettuosamente vicini a Maria, Franco e Giovanni.*

I cognati:

• *I cognati Piero Bussi, Emma Solari, Giancarlo Bordoni annunciano con profondo dolore la scomparsa terrena di Luciano Crespi ricordandone le singolari doti di carattere e di bontà, e si uniscono con immenso affetto ad Adele, Rolando e Titti.*

La suocera al genero:

• *Elisabetta Rossi Fiorucci partecipa al dolore del genero Federico per la perdita del papà.*

L'amica, che non dimentica, all'amica che ha perduto il marito:

• *Cara Valentina, il ricordo di tuo marito rimarrà sempre vivo nel mio cuore per nobiltà d'animo e soprattutto per disponibilità verso il suo prossimo. Liliana.*

I vicini di casa:

• *I vicini di casa partecipano con profondo dolore alla grave perdita che ha colpito la famiglia dell'ing. Paolo Faraoni.*

La famiglia vicina di casa:

• *La famiglia Bianchi tutta partecipa con profondo cordoglio alla scomparsa della carissima Carla Bossi Fanti e si stringe con affetto a Francesco e Viviana e ai parenti tutti.*

Gli amici d'infanzia dell'estinto:

• *Ricordano con incredulità e tristezza Giovanni Brini,* segue l'elenco di tutti i compagni di un tempo.

Gli amici estimatori:

• *Ricordano Giovanni Brini che con entusiasmo e generosità intellettuale ci ha trasmesso una presenza culturale sempre attenta, aperta e radicata in profondi vincoli di amicizia e nell'amore per la vita.*

L'amico (o l'amica) del cuore:

• *Mario* (o *Maria*) *non dimenticherà mai la sua amica Angela.*

• *Rimpiango con struggente tristezza la perdita dell'amico Paolo Cerutti. Arnaldo/a.*

Gli amici del bar (o dello stadio):

• *Costernati per la scomparsa di Angelino Soldati siamo vicini con grande dolore alla moglie e alle figlie Anna ed Elena.*

I colleghi:

- *Gli impiegati e le maestranze della S.r.l. Italbeton si uniscono al dolore della famiglia per la scomparsa del rag. Aristide Solari.*

Il collega e amico di famiglia:

- *Luigi Capra ha vissuto con dolore la malattia e la scomparsa di Bruno Amici e lo rimpiange vicino alla moglie Fausta ricordandone con profonda gratitudine i consigli professionali, gli insegnamenti affettuosamente paterni e la grande umanità.*

RISPOSTE ALLE CONDOGLIANZE

Al biglietto e, soprattutto, al telegramma di condoglianze si risponde personalmente con un semplice biglietto di ringraziamento.
Testo standard per i ringraziamenti a persone con le quali c'erano, ci sono, rapporti cordiali ma sostanzialmente formali:

La famiglia Rossi, commossa, ringrazia.

Oppure:

La famiglia Rossi, commossa, ringrazia per la partecipazione al suo dolore.

(Località e data)

Dove invece i rapporti con l'estinto e con la sua famiglia erano, e sono, molto stretti e la partecipazione al lutto è apparsa particolarmente commossa, il testo dei ringraziamenti sarà ovviamente più personale:

Luigi e Alba con la famiglia ringraziano con affetto per la commovente partecipazione al loro dolore.

Se poi alla partecipazione alle esequie l'amico o l'amica ha fatto seguire una lettera al congiunto (come abbiamo visto), sarebbe opportuno rispondere, anziché con un semplice biglietto da visita, con una lettera o un cartoncino:

con poche parole, facendo riferimento alla lettera ricevuta, si ringrazierà:

Ti ringrazio, caro/a..., di essermi stato/a vicino/a, di avermi capito/a in tutta la mia sofferenza, di avermi sorretto/a nel dolore.

Oppure, più brevemente:

Ti ringrazio di essermi stato/a così vicino/a, ti ringrazio con affetto e riconoscenza.

Oppure:

Grazie, non dimenticherò mai le tue parole.

I ringraziamenti possono essere fatti anche a mezzo giornale – ed è questa una tendenza che oggi si fa sempre più strada. La comunicazione, naturalmente sempre nella parte riservata ai necrologi, è di solito sotto l'intestazione in neretto: Ringraziamenti. Ecco alcuni esempi:

La famiglia, nell'impossibilità di farlo personalmente, ringrazia tutti coloro che hanno partecipato al dolore per la scomparsa dell'amata GIORGIA.

Oppure:

> *A esequie avvenute, la moglie e i figli ringraziano tutti coloro che hanno partecipato al loro grande dolore per la perdita dell'amato* (Nome e cognome), *avvenuta il 20 maggio 19...*
> *Un particolare ringraziamento ai medici dott. ... e dott. ...*

Il ringraziamento può avvenire anche a un mese di distanza in corrispondenza del trigesimo:

> *A un mese dalla scomparsa, la moglie addolorata* (nome e cognome più cognome da nubile) *e i familiari, commossi per le testimonianze e le espressioni di devozione, di affetto tributate al proprio congiunto dott.* (nome e cognome), *esprimono il più sentito ringraziamento a tutti coloro che, con le preghiere, con la presenza e con gli scritti, hanno preso parte al loro immenso dolore.*
> Seguono nome della località e data

TRIGESIMO E ANNIVERSARIO

In occasione del trigesimo, ossia a un mese dalla morte del congiunto, si è soliti ricordare la persona cara che ci ha lasciati con una messa in suffragio. E, contemporaneamente, ricordarla a quanti la conobbero in un necrologio sul quotidiano.

Papà e mamma che ricordano nel trigesimo la figlia:

> *Paoletta,*
> *è un mese, dal giorno in cui sei partita, sola, senza salutarci. Non puoi chiedere al sole di brillare per sempre, non può: c'è la morte! Non puoi chiedere alla vita di vivere sempre, non può: c'è la morte! Ma non puoi chiedere a noi di rassegnarci: non possiamo. Ti amiamo. Papà e mamma.*

La sorella che ricorda la sorella:

> *Sono passati già trenta giorni, ma il vuoto è sempre più profondo. Anna ricorda con dolore sempre più vivo la cara sorella Marta Bianchi.*
> *Ricorrendo il trigesimo della dipartita di Marta Bianchi De Rosa, lunedi 21 maggio 19... alle ore 17 nella chiesa... verrà celebrata una messa in suffragio. La famiglia è grata a coloro che vorranno unirsi nella preghiera.*

Necrologio fatto da più persone:

> *I genitori, le sorelle, i nonni, gli zii, i parenti e gli amici tutti ricordano Augusto Pieri, di anni 17, volato in cielo un mese fa. Lo ricordano, serenamente confortati dalla Sua testimonianza terrena di amore fraterno e*

cristiano, e annunciano che in occasione del trigesimo verrà celebrata una funzione religiosa ecc.
I figli ricordano il padre in occasione del trigesimo e desiderano ringraziare tutti coloro che sono stati vicini e in particolare il dottor Mario Folti per la sua preziosa e affettuosa assistenza.

Dai trigesimi agli anniversari. Così il marito ricorda la moglie e i figli ricordano la madre:

È già un anno che ci hai lasciati e il nostro amore per Te è divenuto sempre più forte e profondo. Una S. Messa sarà celebrata...

L'amico ricorda l'amico:

Nel secondo anniversario dell'immatura scomparsa di Ermanno Sechi, Lorenzo Rossi ricorda l'indimenticato amico e partecipa con sentimenti di immutato affetto al dolore della famiglia.

I nipotini:

Da sei anni nonno Ulderico vive nei ricordi dei nipotini Elisabetta e Andrea.

Il dolore inconsolabile del marito:

15.9.1987 – 15.9.1989. Sono accanto a te, Angelica, e lo sarò per sempre finché avrò vita. Il mio infinito amore e il mio rimpianto non avranno mai fine.

Le figlie nel terzo anniversario della morte della madre:

Mamma cara, ti siamo sempre vicine, il tempo non cancella ma ravviva il ricordo del bene perduto.

I figli e le figlie nel quinto anniversario della morte del padre:

Caro papà, ancora un anno è passato dalla tua dipartita: siamo di un anno più lontani ma anche di un anno piu vicini. Ti sentiamo sempre con noi come se il tuo spirito non ci avesse mai lasciati.

Il figlio al padre:

Papà, sei uscito dalla vita, non dalla mia vita. 6.8.1986 – 6.8.1989.

I familiari al padre:

Da 24 anni Remo Sarti non è più con noi. Il figlio e i nipoti Lo ricordano con amore a chi gli ha voluto bene.

I collaboratori e i colleghi del tecnico:

Nel 2° anniversario della scomparsa, i collaboratori e i tecnici di Radio Valnure ricordano l'amico Amintore Seri che ha creato questa emittente che continua a trasmettere con il coraggio, lo stile e la forza delle Sue idee.

I familiari del preside:

Nel diciannovesimo anniversario della morte del Preside Ugo Ferri i familiari tutti lo ricordano con immutato affetto e rimpianto. Una messa in suffragio sarà celebrata mercoledì 15 settembre, alle ore 16, nella chiesa di...

ANCORA SULLE CONDOGLIANZE A VOCE

La partecipazione al lutto può essere sostituita da una telefonata e, compatibilmente con la situazione, da una visita. Diciamo che entrambe – telefonata o visita – vanno prima, come dire?, «studiate», nel senso che bisogna prima accertarsi che siano gradite. Il problema non dovrebbe

porsi per le persone legate ai familiari dell'estinto o all'estinto stesso da una stretta parentela o da una lunga e profonda amicizia.
Ma anche in questo caso sarebbe consigliabile, prima di alzare la cornetta o di bussare alla porta, tastare il terreno: necessario insomma farsi un'idea della disponibilità psicologica dei familiari. Una volta accertato che una telefonata, o meglio ancora una visita, sarebbe gradita, si pone allora il problema di come comportarsi di fronte a chi è stato direttamente colpito dal lutto: che cosa dire? come esprimere il nostro sincero, profondo dolore? con quali parole? Per la verità il vero problema è un altro: bisognerebbe sapere non ciò che si deve dire, ma ciò che assolutamente *non* bisogna dire.
Cioé? Cioé frasi di questo genere: «Rassegnamoci alla volontà del Signore...»; «Forse è stato meglio così, soffriva tanto...»; «La natura purtroppo ha leggi atroci...» «Che cosa vuoi farci, era talmente vecchia, poverina!...»; «Forse il Signore ha voluto premiarlo chiamandolo a sé...»
Parole non certo prive di un loro significato religioso, frasi giuste, dunque, ma che, se dette nel momento sbagliato, potrebbero essere accolte con fastidio. Ci sono momenti in cui il silenzio parla da sé, è eloquente, e questo è uno di quei momenti. Il silenzio discreto, partecipe, sofferto, affettuoso, è meglio, qualche volta, di qualsiasi parola. Ci sono circostanze in cui uno sguardo, un gesto sono più che sufficienti per farci sentire vicini a coloro che piangono.
E se le parole s'affacciano, siano parole di fede e di speranza, parole che giacciono eterne, per la consolazione dell'eterna umana afflizione, nelle Sacre Scritture: «Questa vita diviene sempre più un vivere con i morti che ci sono andati avanti», «Anima mia, non dimenticare i morti: essi vivono», «Le cose visibili sono di un momento, quelle invisibili sono eterne».

Infortuni, malattie e avversità di ogni genere

PRECISAZIONE

Una volta, quando si veniva a sapere che una persona cara era incorsa in un infortunio o era stata colpita da una malattia o coinvolta in avversità di vario genere, la prima cosa che si faceva era scrivere per chiedere notizie, naturalmente, ma soprattutto per far sapere di essere vicini, per rassicurare, consolare, consigliare. La lettera, quando il telefono era ancora privilegio di pochi, rappresentava ed era il veicolo classico della comunicazione.
Oggi non è più così. Quello che ieri era privilegio di pochi è oggi un mezzo alla portata di tutti. Veniamo a sapere che un amico ha avuto un incidente, è ammalato, si trova in difficoltà? Si alza la cornetta, si fa un numero. Si telefona ai congiunti dell'amico, o a lui direttamente. Se si vuole essere presenti si prende la macchina, ci si reca sul posto.
Dunque, oggi non si scrive più?
Sì, si scrive ancora. Anche. Qualche volta. Quando? Ecco il punto: quando? Quando, dopo telefonate e magari anche visite, vogliamo ricordare la nostra costante, affettuosa presenza in un momento psicologicamente critico (scoraggiamento, pessimismo, abbandono ecc.). A differenza della parola detta, quella scritta sembra avere più peso. Essa resta accanto a noi; per ritrovarla, rileggerla, meditar-

la, non c'è che da allungare un braccio, aprire una busta, estrarre un foglio.

È in questa chiave che la lettera ha ancora oggi un suo preciso, nobile significato: come sottolineatura – ripetiamolo – della nostra costante, affettuosa presenza presso chi è solo, soffre, dispera di sé e degli altri.

LETTERA A UN AMICO DEPRESSO PER UN INCIDENTE

Caro Giovanni,
di ritorno dalla visita di ieri sera, ho pensato di scriverti. Tu ti chiederai perché. È semplice: per aiutarti, per darti una mano, per trascinarti fuori dello stagno della depressione in cui giaci; ma soprattutto ti scrivo per farti riflettere. Ti ho ascoltato: non mi ci è voluto molto per capire che hai il morale a pezzi, che non t'importa più nulla della vita, del tuo lavoro e dei tuoi affetti familiari. Ho l'impressione che tu non ti sia ancora completamente rimesso dallo choc, e questo spiega che sei uscito dal trauma cranico ma non da quello psicologico, che è il più difficile da curare.
Caro Giovanni, che tu abbia perduto la forza di reagire e la volontà di vivere è normale dopo incidenti del genere. Più che il femore, devi cercare di guarire il tuo spirito; più che di iniezioni di flectodil (o come diavolo si chiama), tu hai bisogno di iniezioni di fiducia: è questo il medicinale che vorrei proporti. Tu mi dirai che è facile prescrivere queste ricette, che è facile predicare l'ottimismo e la speranza. Sì, è facile, ma non credere di essere il solo a trovarti in queste condizioni.

Tutti, a cominciare da me, abbiamo conosciuto momenti in cui le forze dello spirito vengono a mancare e ci sembra che la vita non abbia più alcun senso. Anche questo è normale, caro Giovanni, poiché la vita è fatta anche di questo: di alti e di bassi. Stai dunque tranquillo, amico mio: ti rimetterai e ritornerai come prima, anzi meglio di prima: è soltanto questione di tempo, di pazienza, di fiducia e, se mi permetti, di volontà. Ti sono vicino. Per la verità, ti siamo vicini: parlo anche a nome dei comuni amici che ti salutano e ti fanno tanti auguri. Un abbraccio da

Federico

LETTERA A UN GENITORE AL CUI FIGLIO È SUCCESSA UNA DISGRAZIA

Caro signor Rossi,
ieri sera ho appreso da Lei, con grande costernazione, dell'incidente occorso a Suo figlio Angelo, mio carissimo amico. Ciò che non ho potuto dirLe ieri al telefono, cerco di dirglielo oggi, con la presente. Mi creda, signor Rossi, sono profondamente addolorato e preoccupato per tutto ciò che è avvenuto. Immagino quali brutti momenti Lei stia vivendo con Sua moglie; ma se le cose sono andate come credo di aver capito, non dovrebbero esserci dubbi sull'esito dell'operazione cui Angelo è stato sottoposto. Con le poche e povere parole che in questo momento mi affiorano sulle labbra vorrei che Lei e Sua moglie sapeste che Vi sono vicino,

che partecipo sinceramente alla Vostra angoscia e che mi ritengo a Vostra completa disposizione per qualsiasi cosa di cui Lei dovesse avere bisogno.

Suo devotissimo Pino Rocchi

Risposta alla lettera precedente:

Caro Pino,

ti ringraziamo, mia moglie e io, per l'affettuosa attenzione che hai avuto nei nostri confronti: ma ti ringraziamo soprattutto per la devota e veramente sincera amicizia che ti lega a nostro figlio, di cui, in questo preciso momento, non ti possiamo dare ulteriori notizie, oltre a quelle che certamente conosci. L'intervento è perfettamente riuscito e non abbiamo quindi seri motivi per disperare.

Grazie ancora, caro Pino, e ricordati che, quando lo riterrai opportuno, una tua visita ci sarà sempre gradita.

Carlo e Maria Rossi

LETTERA A UNA PERSONA PARALIZZATA

Capita di venire a sapere che una persona di nostra conoscenza è incorsa in un grave incidente stradale, dal quale è uscita viva ma seriamente lesa nella colonna vertebrale, e come tale condannata a vita alla sedia a rotelle. Che fare in una circostanza del genere?

Dipende naturalmente dal tipo di rapporto che intratteniamo con la persona infortunata. Ammesso che tale rapporto legittimi una nostra iniziativa: quale iniziativa? Telefonare? Fare una visita? Riteniamo che, come prima iniziativa, data la gravità del caso, si debba far giungere la nostra partecipazione, con molta discrezione, alla persona in questione. Pensiamo che la forma più adatta alla particolare e delicata circostanza sia quella di una lettera (diciamo lettera per modo di dire, potrebbe essere anche un cartoncino, un biglietto).

Con quali parole? Ecco il punto. Si dovrà tener presente il particolare stato d'animo in cui si trova il destinatario, la sua psicologia, la sua più o meno sommersa disperazione. Uno stato d'animo che non sopporta non solo la finzione, ma anche l'ombra della finzione stessa; che non sopporta la commiserazione, la pietà, le parole consolatorie. Chi scrive dovrà scegliere le parole giuste, da situare nella frase giusta, da porgere nel modo giusto. Non è un'impresa facile. Il modello a cui ispirarsi potrebbe essere suppergiù il seguente:

Caro signor...
siamo qui, mia moglie e io, per salutarLa, per esserLe vicino, per dirLe che Lei è nei nostri cuori e nelle nostre preghiere. La preghiamo, signor..., di credere alla sincerità della nostra devozione. Non abbiamo, né pretendiamo di averle, le grandi parole della consolazione, del coraggio e della fiducia. Noi diciamo che un uomo può vivere senza speranza, senza amici, senza libri, e perfino senza musica, fino a quando può ascoltare i propri pensieri. Attinga, signor..., alle Sue risorse interiori; e Lei, ci creda, di queste risorse interiori ne ha: e più scava dentro di sé, piu ne troverà. Molti si

lamentano che le rose hanno le spine. «A me basta», scriveva lo scrittore Jean-Baptiste Karr, «che le spine abbiano rose». E di rose, ci creda, ce ne sono ancora in questo nostro mondo apparentemente così appassito. La salutiamo calorosamente, e il giorno in cui sentisse il bisogno di vederci, ci telefoni: voleremo da Lei.

Ermanno e Clara Bianchi

COSA DIRE A PARENTI E AMICI CON GRAVI PROBLEMI

Capita che veniamo a sapere, o direttamente dagli interessati o indirettamente da altri, di casi particolarmente gravi, di persone in difficoltà, alle prese con avversità di ogni genere. Veniamo a sapere per esempio dell'amico/a (o cugino/a) ormai allo stremo delle forze, impegnato/a giorno e notte nell'assistenza del vecchio genitore condannato da un male che non perdona. Veniamo a sapere dell'amico/a (o parente) che con la morte del padre, titolare di una ditta, è rimasto praticamente solo (cioè con pesanti problemi di carattere commerciale sulle spalle). Veniamo a sapere di un vecchio amico che ha subìto un rovescio finanziario. Che cosa chiedono queste persone? Forse un aiuto materiale; senz'altro conforto, sostegno, incoraggiamento. Soprattutto una parola amica.
Naturalmente, poiché sono vere e proprie emergenze, è logico che i problemi si discutano a voce. Si telefona, si prende un appuntamento, ci si trova, si ascolta, si parla. In un terzo momento appunto, per meglio sottolineare la nostra presenza si può far seguire una lettera. Per scrivere che cosa? Niente di speciale, all'infuori delle eterne parole del-

la speranza e della fiducia, parole che conosciamo ma che amiamo sentirci ripetere, nell'ora dell'afflizione, a viva voce, meglio ancora se scritte, impresse su un foglio, perché qui restano e qui ci fanno compagnia. Solitudine: altra angustia dell'animo...
Che cosa dunque scriveremo all'amico/a, allo stremo delle forze, impegnato/a giorno e notte al capezzale del vecchio genitore, condannato da un male che non perdona? Scriveremo che nulla sfugge alla memoria di Dio, che tutto ciò che diamo in amore e sacrificio un giorno ci sarà restituito», che «esiste una contabilità divina di cui non conosciamo i meccanismi», perciò: «stringere i denti e andare avanti». Che cosa scriveremo al cugino o amico che, con l'improvvisa morte del padre, si trova alle prese con grossi problemi di carattere commerciale di cui non ha alcuna pratica e nozione? Scriveremo che, se non siamo in grado di dirgli che cosa deve fare, siamo però in grado di dirgli con assoluta certezza «che cosa *non* dove fare: cioè arrendersi», poiché «le vie tecniche per riprendere in mano la situazione non sono né misteriose né impossibili», quindi: «studiare, aggiornarsi, e rimboccarsi le maniche».
E al vecchio amico che ha subito un rovescio finanziario? Che «un fallimento non è la fine del mondo» e che nell'attività commerciale «per meritare il successo bisogna dimostrare a se stessi di saper sopravvivere agli insuccessi»; dunque, coraggio e avanti!

COME ESPRIMERE RICONOSCENZA PER LA SOLIDARIETÀ RICEVUTA

Che cosa significa «dramma familiare»? Qualcosa che ti ha fatto perdere il sorriso, l'appetito e il sonno; un tormento interiore che non ti lascia né di giorno né di notte: una specie di infarto al cuore della famiglia. Esempio: un figlio (o figlia) entrato nel tunnel della droga. Capita, purtroppo. Ma capita anche – e per fortuna – che alla famiglia coinvolta in questo dramma non venga meno la solidarietà del prossimo (cioè degli amici).

Che cosa e come rispondere a questa solidarietà? Per lettera, se c'è stata da parte degli amici una lettera; a voce, di persona oppure (perché no?) per telefono:

«Cara Angela, caro Luigi, mio marito e io vi ringraziamo per la solidarietà che ci avete dimostrato. Vi siamo grati per la vostra umana comprensione e per la vostra sincera partecipazione al dramma familiare che così duramente ci ha colpiti. Sapervi accanto a noi, credeteci, ci è di grande conforto e di sostegno morale. Il vostro affetto, certo, non ci risolve il problema; ma – e questo è soprattutto ciò che conta – ci aiuta ad accettarlo, ad affrontarlo, e – speriamo – a risolverlo. La vostra solidarietà ci dà forza, coraggio e fiducia; ci aiuta a portare questa pesante croce che Iddio, diciamo nei suoi misteriosi disegni, ha creduto di mettere sulle nostre povere spalle. Se è vero, come ha detto qualcuno, che la sofferenza è forse l'unico mezzo valido per rompere il sonno dello spirito, noi siamo spiritualmente svegli, e benedetta sii, in questo senso, o sofferenza. Ma soprattutto benedetti siate voi, cari amici nostri, che non avete voluto lasciarci soli sul sentiero di questo calvario, poiché la sofferenza è meno sofferenza quando essa è accompagnata dall'amore del nostro prossimo. Grazie, cara Angela, grazie, caro Luigi, di esserci vicino.»

Frasi d'autore per tutte le afflizioni

Sono frasi di autori (scrittori, giornalisti ecc.) di tutto il mondo che possono essere porte ai destinatari (diremo poi chi sono questi destinatari) tramite i canali della comunicazione: stanno infatti bene nel testo di una lettera, di un biglietto, di un telegramma; ancora meglio in una telefonata; e meglio ancora in un colloquio a tu per tu. Chi sono dunque questi destinatari? Persone che si trovano in difficoltà, afflitte da problemi diversi, di carattere economico, affettivo, psicologico ecc. presso le quali abbiamo più di un motivo per intervenire: per incoraggiarle, rincuorarle, consolarle, farle riflettere.

AGLI AFFLITTI DA AVVERSITÀ

- Non abbattetevi, reagite, non arrendetevi: «Accettare le sventure è un modo per vincerle» (Roberto Gervaso).

- Nelle avversità l'uomo collauda se stesso: poiché «nell'avversità l'uomo impara a conoscersi meglio, perché è allora che gli mancano gli ammiratori» (Samuel Johnson).

- Nessuno nega il valore del denaro, specialmente quando si è in difficoltà economiche; ma ricordatevi che il denaro non è tutto. Scriveva Enrico Ibsen: «Il denaro può comprare la buccia di molte cose, ma non il seme; può darvi il cibo, ma non l'appetito, la medicina ma non la salute, i conoscenti ma non gli amici, i servitori ma non la fedeltà, giorni di gioia ma non la pace o la felicità».

• Chi beve non annega i propri dispiaceri, li innaffia soltanto (*Post,* Denver).

AGLI EMARGINATI, ALLE PERSONE ANZIANE, ALLE PERSONE SOLE

• A rendere insopportabile l'emarginazione è la nostra incapacità di amare: «Non essere amati è solo sfortuna; non sapere amare è una tragedia!» (Albert Camus).

• È bene credere nella solidarietà del nostro prossimo, senza illudersi troppo, però. Scriveva Alessandro Manzoni: «Volete aver molti amici in aiuto? Cercate di non averne bisogno».

• La solidarietà non è sempre così facile come si crede, ha anch'essa i suoi rischi. «Ogni volta che tendiamo la mano verso qualcuno corriamo il rischio di prenderci una sberla» (Leo Buscaglia).

• La solitudine – la vera, profonda solitudine - non è una ingiustizia della società. Da un Congresso internazionale sulla solitudine: «Dov'è la solitudine? Guardiamoci intorno: la solitudine siamo noi». Morale: con essa facciamoci compagnia.

• Dallo stesso Congresso: «Che cos'è la solitudine? È un pendolo che oscilla nel nostro animo. Più oscilla, più siamo spiritualmente ricchi».

• C'è il tempo della gioia e c'è il tempo dell'afflizione in cui il dolore, la sofferenza, il pianto, la solitudine, tutto oscurano nel nostro animo. Che fare? Non disperiamo: «È meglio accendere una piccola candela che maledire l'oscurità» (massima di Confucio).

• Non lasciamoci emarginare dalla vita: «La vita va sempre avanti: andiamo anche noi avanti con la vita» (dal film *Sul lago dorato*).

• Cerca di non indugiare troppo nei rimpianti, smettila di continuare a guardarti indietro. «Il rimpianto è un enorme spreco d'energia; non vi si può costruire nulla sopra; serve soltanto a sguazzarvi dentro» (Katherine Mansfield).

• Pace e felicità sono un problema nostro: inutile chiederlo al progresso e tantomeno alla scienza. «La scienza ci ha promesso la verità. Non ci ha promesso pace e felicità» (Gustave Le Bon).

• C'è una sola pillola che ci salva dall'invecchiamento: la pillola della curiosità. Scriveva Compton Mackenzie: «La curiosità è certo una delle cose che ci garantisce maggiormente il godimento della vita. Quanto più s'invecchia, tanto più è essenziale conservare la propria curiosità. Quando questa diminuisce, comincia l'età di mezzo e appena scoprite in voi stessi una mancanza di curiosità, dovete combatterla con tutti i mezzi».

• Volete uscire dall'emarginazione, dall'abbandono, dalla solitudine, da questi tre cerchi che vi strozzano l'anima?

Vivete intensamente la vostra vita, ventiquattro ore su ventiquattro. Scriveva Walter Béran Wolfe: «Se osservate un uomo realmente felice, lo troverete che si costruisce una barca, che scrive una sinfonia, che educa il figlio, che coltiva le dalie nel suo giardino, che va in cerca d'uova di dinosauro nel deserto di Gobi. Non cercherà la felicità come se fosse il bottone da collo rotolato sotto il letto. Non si sforzerà di raggiungerla come se fosse una meta in se stessa. Si sarà reso conto d'essere felice nel vivere la propria vita intensamente, ventiquattro ore al giorno».

• Se non volete invecchiare, se non volete essere emarginati dalla vita, conversate, difendete la vostra curiosità, come? Alimentando gli interessi dello spirito – il vero regolatore dell'eterna giovinezza. Seguite pertanto i consigli di William Lyon Phelps: «Coloro che si propongono di utilizzare le ore di riposo per coltivare la propria mente, coloro che amano la buona musica, i buoni libri, i bei quadri, la buona compagnia, sono la gente più felice del mondo».

• Qual è la tragedia della vecchiaia? «La tragedia della vecchiaia», diceva Oscar Wilde, «non è di essere già vecchio, ma d'essere ancor giovane». Cioè giovane di spirito.

• Altra tragedia della vecchiaia: quella di non saper essere vecchi. «Pochi sanno essere vecchi», diceva La Rochefoucauld.

• Ci sono degli anziani che credono di essere definitivamente fuori gioco, di non aver più nulla da dire. Questi anziani farebbero bene invece a meditare su un antico proverbio russo: «Le uova non hanno nulla da insegnare alla gallina».

• Amate, amate sempre, e non invecchierete mai. «Chi ama profondamente non invecchia mai; potrà morire di vecchiaia, ma morrà giovane» (Arthur Wing Pinero).

• Sognate, sognate sempre, e non invecchierete mai. «Un uomo non è vecchio», diceva l'attore John Barrymore, «finché i rimpianti non sostituiscono i sogni».

• Che cosa è stato fatto sostanzialmente per la vecchiaia? Paradossalmente «è stato fatto di più per aiutare la gente a raggiungere la vecchiaia che per aiutarla a godersela» (F.A.C. in *Selezione*).

• Che cos'è la vecchiaia? Un archivio di esperienza: esperienza che potrà però essere utilizzata dagli altri, non certo dalla persona anziana, per la quale, come dice un proverbio olandese, l'esperienza è «un pettine dato a un uomo che non ha più capelli».

• È vero: «Da giovani siamo noi che cerchiamo i guai, da vecchi invece sono i guai che cercano noi» (dalla *Domenica del Corriere*).

AGLI AFFLITTI DA PROBLEMI ESISTENZIALI

• «La cura migliore contro l'ansietà, la depressione, la malinconia, il tormento interiore, è di proporsi il compito d'alleviare con la propria compassione la tristezza di qualcun altro»: così scriveva Arnold Bennett. Gli facevano eco il dottor Albert Schweitzer: «D'una cosa sono certo», diceva questo grande filantropo e medico, «i soli tra voi che saranno veramente felici sono coloro che avranno cercato e trovato il modo di servire gli altri», e Sarah Bernhardt: «È dando se stessi che si diventa ricchi».

• La vita diventa più sopportabile con più fiducia: «Senza fiducia siamo vivi a metà», scriveva Frère Roger della comunità di Taizé.

• Che cos'è il pessimismo? Non di rado – scrive Roberto Gervaso – non è altro che «ottimismo che ha perso la pazienza».

• Vogliamo guarire dalle nostre nevrosi esistenziali? Smettiamola di continuare a scrutare l'avvenire, e guardiamo con un po' più d'attenzione il presente: «Cerco di essere filosofo come quella vecchia signora la quale diceva che la cosa migliore dell'avvenire è che esso viene un giorno per volta» (Dean Acheson).

• Sullo stesso tema: «Lo stolto cerca la felicità lontano, il saggio la coltiva sotto i propri piedi» (James Oppenheim).

• Non continuiamo ad attendere la felicità, una signora che probabilmente non arriverà mai: «Chi procrastina l'ora di convertirsi a vita migliore, fa come il bifolco che aspetta sulla riva che il fiume sia tutto passato» (Orazio).

• «Comincia a vivere subito e considera ogni giorno come una vita a sé» (Seneca).

• «Tutti aspettavano che accadesse qualcosa: chi aspettava che i figli crescessero e se ne andassero da casa; chi aspettava l'anno venturo, o l'occasione di poter fare un viaggio lungamente sognato, o la morte di qualcuno. Aspettavano il domani, senza rendersi conto che tutto quello che abbiamo è l'oggi, perché ieri è passato e domani non verrà mai» (Douglas Lurton).

• «Per quanto sia minaccioso il futuro, se oggi puoi mangiare, godere la luce del sole, rallegrati in buona compagnia, godi di queste cose e ringrazia Iddio. Non cercare la felicità nel passato, non sognarla nel futuro. La tua sola certezza è nell'oggi: bada a non fartela rubare» (Henry Ward Reecher).

• «La vita non conosce indugi, quando il piacere si presenta è meglio coglierlo. Ogni ora che passa ci toglie parte delle cose che ci dilettano e forse anche parte della nostra disposizione a dilettarcene» (Samuel Johnson).

• Vogliamo difenderci dalle spine che ci feriscono durante il nostro cammino nella vita? Indossiamo la corazza dello stoicismo. Ma c'è un inconveniente: «Portare una corazza ti evita il dolore, ma ti evita anche il piacere» (Celeste Holm).

• A renderci infelici – diceva il filosofo tedesco Arthur Schopenhauer (ma per la verità, prima di lui, lo aveva detto e predicato, in lungo e in largo nelle vallate dell'India, Buddha) sono i nostri desideri, destinati a restare sempre insoddisfatti. Di qui la massima di Roberto Gervaso: «Ho un gran desiderio: non averne troppi».

• Non lasciamoci nevrotizzare dalle apparenze del mondo. «Quando un giovane risoluto s'avvicina a quel gran fanfarone che è il mondo e lo afferra saldamente per la barba, scopre spesso con stupore che la barba gli resta in mano e che era soltanto appiccicata per spaventare i timidi» (Oliver Wendell Holmes).

• Coraggio: «Anche l'ora più nera ha solo 60 minuti» (Morris Mandel).

• «Per chi ha paura, tutto scricchiola» (Sofocle).

• «Alimenta la tua fede, e i dubbi moriranno di fame» (anonimo del XVI secolo).

IL SUCCESSO E I SUOI COSTI

• Il successo ha i suoi ricavi in prestigio, ma ha anche i suoi costi in termini umani. Sta a vedere se quanto si perde in umanità si compensa con quanto si acquista in grandezza. Per Will Rogers non ci sono dubbi: «È bello essere grandi, ma è più bello essere umani».

• Per l'arrivista, per l'arrampicatore sociale che non ha tempo da perdere, la coscienza è una compagnia scomoda, ingombrante, frenante, ritardante. Meglio scaricarsi del suo carico di scrupoli, e procedere senza fardelli. Delle cose ciò che conta è il prezzo, non il valore. Ed è questo il ritratto che del cinico fa Oscar Wilde: «Il cinico è un uomo che sa il prezzo di tutte le cose ma non conosce il valore di nessuna».

• Adulate, adulate, e arriverete. Che cos'è l'adulazione? «L'arte di dire a una persona esattamente quel che essa pensa di se stessa» (P.G. in *Selezione*).

• Il successo? Adulare: sapere adulare, s'intende. «Dacci sotto con la vernice. Col berretto in mano si arriva lontano» (James Joyce).

• Il segreto del successo: «La cosa più difficile da imparare nella vita è quale ponte attraversare e quale bruciare» (David Russel).

• Altro segreto del successo: «Abolire privatamente ogni scrupolo e conservarli ufficialmente tutti» (da un anonimo del XIX secolo).

LA PAURA DELLA MORTE

• «Non è che io abbia paura di morire. È solo che io non vorrei essere lì quando accadrà» (Woody Allen).

• «Quando si muore si ha ben altro che di pensare alla morte» (Italo Svevo).

• «Moriamo un po' ogni giorno, per fortuna senz'accorgercene» (Roberto Gervaso).

• Si può consigliare per la morte quello che si consiglia per le malattie: meglio prevenire che curare. Pensiero dell'imperatore Marco Aurelio: «È bene agire, parlare e pensare come se si fosse sempre in punto di morte».

• Si raccomanda spesso: sii te stesso. Ma chi sono io? Questo, il problema. Risposta: «Per l'universo, niente; per me, tutto!» (Etienne de Sénancour).

•«Morire... Dormire... Forse sognare... » (William Shakespeare). Tutta la speranza appesa a una parola: a quel «sognare».

Indice

Finito di stampare
nel mese di ottobre 1993
presso le Grafiche Artabano
Omegna (No)